**독거 예술가,
세상 밖으로**

독거예술가의
꽁방탈출 프로젝트

독거 예술가,
세상 밖으로

샘 베넷 지음 | 김은영 옮김

오후의책

인생에서 가장 의미있는 프로젝트를
생각만 하고 있는 당신에게

이 책에서 다루고 있는 내용을 강의하기 시작한 것은 1996년 부터였다. 그때부터 〈Get It Done〉 워크숍이라는 명칭을 쓰면서 지금까지 90분짜리 세미나와 3주 과정, 12주 과정 워크숍도 해보았고, 1일 집중반에 6주 과정의 원격 강의로 진행해 본 적도 있다. 신기하게도 이 내용은 어떤 형태로 운영하더라도 무리가 없었다.

이 책에서 소개되는 모든 실천과제들은 내가 배우로, 작가로, 강사로 유랑하는 삶 속에서 직면했던 모든 도전에 대응하는 과정에서 만들어진 것들이다. 그 여정 중에 친구 및 동료, 수강생들이 질문을 더하고, 새롭게 문제 제기를 해주며 더한 난제를 소개해 주기도 했다. 그들이 관심을 보였던 부분을 반영해 새롭게 아이디어를 정비하는 것 또한 즐거운 경험이었다.

- 무엇보다도 당신이 소설을 썼을 때 그에 대해 비평해주는 계간지가 하나도 없다면 당신이 어떻게 다음 행보를 디딜 수 있겠는가?
- 당신이 원맨쇼를 마친다고 해도 돈을 더 받거나 승진을 하는 것도 아니라면 어떻겠는가?
- 당신이 프로젝트를 진척시키건 말건 신경쓰는 사람이 당신 외에는 없다면 또 어떻겠는가?

창작 세계에서의 생산성에 대해 지속적으로 연구하면서 알게 된 점이 하나 있다. 일을 추진하도록 고무시키는 내용으로는 훌륭한 책들이 많이 나와 있지만(데이비드 알랜의 고전 〈Getting Things Done〉, 줄리 모르겐스턴의 〈Organizing from the Inside Out〉, 스테판 코베이의 〈Seven Habits of Highly Effective People〉 등등), 그 책들이 예술가들에게는 그다지 도움이 되지 않는다는 것이다. 창조적인 사람들은 누가 치즈를 옮기는가에는 관심이 없다. 그렇지 않은가?

한편 창의성에 관한 책들은 주로 창의적인 활동을 통한 영적인 치료를 다루거나, 창의성에 대해 이루어진 연구를 다루거나, 당신에게 내재된 창의성을 발현시키는 주제 등을 다루고 있다. 그런데 우리처럼 창의성을 이미 충분히 발현시키고 있는 사람들은 어떻게 해야 하나?

창조적인 사람들이 겪게 되는 문제들은 분야에 상관없이 대동소이하다. 섬유디자이너에서 가수, 가구 디자이너, 화가에 이르기까지 다루는 도구나 방법이나 속해 있는 장르를 불문하고, 쟁점은 모두 같다.

- 프로젝트들 중에서 무엇을 선택할지 어떻게 알 수 있을까?
- 어떻게 시작해야 할까?
- 내 아이디어가 쓸 만한 것이 못되면 어떻게 할까?
- 완벽주의와 나에 대한 회의 때문에 발목이 잡히면 어떻게 할까?
- 어떻게 일정을 관리해서 작업할 시간을 빼낼까?
- 초반의 열정이 사그라진 후에는 어떻게 계속 진행할 수 있을까?
- 내 작품을 어떻게 세상에 내놓을까?
- 마케팅엔 영 소질이 없는데 어떻게 해야 할까?
- 혹평이나 호평에 어떻게 대처해야 할까?
- 이 모든 것을 일생동안 계속해 나가려면 어떻게 해야 할까?

이러한 질문들이 숙련된 전문 예술가이든 이제 막 걸음마 단계의 입문자이든 상관없이 똑같이 괴롭히고 있을 것이다.

인기있는 영화배우도, 유명한 작가도, 수상 경력이 있는 화가도, 엄청난 앨범 판매량을 보유한 가수도, 뜨개질 대가인 당신 이모까지도 모두 같은 문제에 봉착해 있다. 자기회의와 함께 어떻게 하면 일을 제대로 해낼 수 있을까 하는 걱정에서 결코 자유롭지 못하다.

여기 증인들이 있다:

"누구도 의심하지 못할 겁니다. 나의 작품과 나 자신에 대해 내가 전혀 확신을 갖지 못하고 있다는 것과 다른 사람이 회의감을 표할 때마다 내가 얼마나 극심한 자기회의에 빠지는지 말입니다." – 테네시 윌리엄스

"주방장들은 완전 돌아이들이다. 모두가 자기중심적이고 유약한데다가 불안정한 어린 영혼들이다. 말하자면 사이코패스들이다. 누구할 것 없이 전부 다 그렇다." – 고던 램지

위 문장은 주방장 대신에 당신에게 해당하는 단어를 집어 넣으면 당신에게도 그대로 적용되는 말일 것이다.

문제는 당신이 부분적으로는 얼마쯤은 정상이 아니고 당신도 그것을 알고 있다는 사실이다. 아이일 때 당신이 남과 다른 재능을 보였다면, 그것이 동시에 당신이 더 이상 평범한 아이

로 남을 수 없도록 했을 것이다.

　내 친구 샘 크리스텐슨이 관찰한 바에 따르면, 당신은 세상을 살면서 서로 충돌하는 두 개의 메시지를 지속적으로 받게 된다.

　"남보다 뛰어나야 해! 혼자서 튀면 안돼!"

　어떻게 해야 할지 갈피를 잡기 어려운 세상이다. 수없이 많은 영화나 드라마에서는 '그대로의 자신을 인정하면 된다'라는 단순하고 따뜻한 메시지를 전달하지만, 당신은 길을 잃은 듯한 느낌, 판정받는 느낌, 남과는 다른 느낌 속에 헤매고 있다. 바이런의 말을 빌리면, '그들 사이에 있지만 그들 중의 하나는 아닌' 그런 느낌 말이다.

　동시에 당신은 직업이 있고 가족을 거느리고 취미생활도 하며 남들도 다 하는 이런 저런 걱정거리를 안고 사는 평범한 사람이기도 하다. 그래서 당신은 자신이 너무 평범한 건 아닌지, 그래서 지루해져버린 건 아닌지 걱정하기도 한다. 그래서 당신은 다음과 같은 모순적인 모습을 보이기도 한다.

- 당신은 다른 사람이 어떻게 생각하는지 신경을 많이 쓴다. 동시에 다른 사람들의 의견에 쉽게 움직이지도 않는다.
- 예전부터 당신은 반항적이고 규칙 따위는 무시하는 사람

이었다. 하지만 동시에 당신은 일을 정해진 대로 하려고 한다. 완벽주의자이면서 동시에 남의 눈을 의식한다고 해야 하나?

- 당신은 돈이나 성공에 대한 생각으로 많은 시간을 보낸다. 하지만 딱히 그런 것들을 추구하는 것은 아니다. 당신은 돈이 되든 안 되든 일단 당신에게 흥미로운 것 위주로 작업을 한다.
- 당신은 사교적인 외톨이이다.
- 당신은 사람들을 기쁘게 하는 인습파괴자이다.
- 당신은 모순되는 말을 한다. 일종의 다중인격이다.

이 책은 당신이 자신의 창의성을 재발견하도록 하고, 당신이 모순되는 다양한 모습 속에서 제 길을 찾도록 하고, 창작이라는 큰 산까지 길을 뚫을 수 있도록 길안내를 제공하려 한다.

이 책을 사용하는 데 정해진 방법은 없다. 자신에게 맞게 활용하면 된다. 당신은 예술가이지 않은가? 당신이 혹시라도 아직은 그렇게 지칭하는 것이 불편하더라도, 당신은 이미 예술가이다.

나는 모든 사람들이 어떤 의미에서는 창조적인 천재라고 믿고 있다. 그리고 당신은 다음과 같은 말을 들어 본 적이 있을 것이다.

예민하시군요. 너무 예민하시네요. 지나치게 예민하신걸요. 좀 괴상하기도 한데. 겉멋이 좀 있으시네요. 너무 극적이십니다. 무슨 연속극 주인공인 줄 아세요? 신기가 좀 있으신가 보네요. 독특하시네요. 평범하지가 않으시네요. 좀 구식인걸요. 괴짜에요. 엉뚱하시네요. 특별해요. 맺고 끊는 게 없으시네요. 긍정적이시군요. 지나치게 자신에게 가혹하시네요. 표현력이 있으세요. 독창적이신데요. 완전 낙천주의자로군요. 사람들이 진면목을 몰라봤네요. 뭔가 달라요. 착각 속에 사시는 듯. 야망이 있네. 엇나가는 경향이 있으시네요. 말이 많은데요. 깨어있는 분이세요. 재능을 타고 나셨군요. 다재다능하시네요. 좀 엽기적이네요. 완전 몰입하시네요. 즐겁게 일하시네요. 인습같은 건 무시하는군요. 독립적인 성격이세요. 으스스한데요. 현실감이 없으시네요. 미친 거 아니예요? 등등.

그렇다면 축하합니다.
당신은 예술가가 맞다.
이 책을 읽는 것은 학교에 다니는 것과는 다르다. 아무 규칙도 없고, 성적도 내지 않고, 잘하고 못하고 따질 방법도 없다. 이 책에서 다루는 것은 당신의 인생이다. 당신에 관해서는 당신이 전문가이고, 당신은 저절로 당신에게 최선인 것, 또 당신에게 제일 잘 맞는 것을 하게 될 것이다.

이 책에서 나의 소임은 당신이 자신에게 가장 의미가 있는 프로젝트를 찾을 수 있도록 돕는 것이다. 그리고 더욱 중요한 일은, 당신에게 자신의 창작활동을 보다 면밀히 심도있게 파악할 수 있는 기회를 주는 것이다.

그렇게 함으로써 당신에게 효과있는 것은 무엇인지, 버려야 하는 것은 무엇인지, 또 어떻게 하면 당신이 타성에서 벗어나 당신의 천재적인 아이디어들을 세상에 내놓을 수 있을지를 알아낼 수 있을 것이다.

한 마디만 덧붙이자면, 이 책에 제시된 실천과제들은 다 무시한 채 그저 책만 읽고 싶은 유혹에 빠지기 쉽다는 것을 잘 안다. 하지만 창고에서 먼지만 잔뜩 쌓여 있는 자전거타는 운동기구처럼 이 책은 당신이 제대로 사용할 때 더 나은 효과를 가져다준다. 이제까지 아껴두고만 있었던 펜과 종이를 꺼내자. 이제 당신의 그 대단하고 천재적인 아이디어를 탐구해 보자. 그리고 어떻게 하면 그 아이디어를 실현하는 일을 오늘 당장 착수하게 만들 수 있을지도 탐구해 보자.

Sam Bennett

· **Contents** ·

PART. 1

늑장부리기는
숨은 재주꾼

Get it done

당신은 늑장을 부리다가 낭패를 본 적이 있을 것이다. 늑장부리고 있다 보면 심장이 조여 오기도 하고, 일을 망치게 돼서 자존심이 상하는 일이 생기기도 하며, 인간관계가 틀어지고, 경력에도 흠을 남기면서, 결국에는 수입에 지장을 초래하게 된다. 그런데 우리가 신체에 통증을 느낄 때 비로소 치료가 필요하다는 것을 깨닫게 되는 것처럼, 늑장부리다가 정신적인 압박감을 느끼게 될 때, 때로는 중요한 깨달음을 얻게 되기도 한다. 그래서 나는 늑장부리기가 숨은 재주꾼이라고 생각한다.

아무리 늑장을 부려도 일에 아무런 지장이 없다면 그런 일 따위 저만치 치워버리고 맘 편하게 뒹굴거릴 수 있을 것이다. 하지만 늑장을 부리고 있을 때 마음이 무거워지고 심장이 두근거리는 사태가 발생한다면 그 일은 그렇게 쉽게 치워버릴 수 있는 일이 아닌 것이다.

그렇다면 늑장부리기가 어떤 재주를 부릴 수 있다는 걸까?

미적미적 늑장을 부리는 동안 느끼는 심적인 압박은 당신이 하고 있는 일이 당신에게 얼마나 중요한 것인지 일깨워 줄 수 있다. 마치 옆에 앉은 친구가 어깨를 툭 치며 "이봐, 전에 그 아이디어 어떻게 된 거야? 그렇게나 열의를 보이더니, 기억나?" 하고 말해주는 듯한 경험을 하게 될 것이다. 마음속에서 들려오는 그 소리는 처음엔 조금 재촉하는 것처럼 들려오다가 강도가 점점 더해져서 나중에는 목소리 큰 잔소리꾼처럼 여겨질 것이다.

그 순간이 오면 당신은 그 일이 얼마나 중요한 일인지 분명히 알 수 있게 될 것이다. 추측하건대, 그 일은 당신에게 오랜 숙원사업이었을 것이다. 그렇게나 미적거리면서도 당신이 그 생각을 놓지 못하고 있었다는 점에서 말이다. 그저 그런 일들처럼 가볍게 흘려보내지 않고 건져내서 참 다행스런 일이기도 하다. 그러니까 늑장부리기야말로 당신이 끊임없이 추구하고 있는 무엇인가를 찾아내주는 재주꾼이라 할 수 있다.

늑장부리면서 미루고 미적대는 동안에도 그 무언가를 하고자 하는 욕구가 사그라지지 않았다면, 그 일은 당신의 전부를 던져볼 만한 가치가 있는 일이다.

잔소리가 효과적인 것은 아니다.
배우자에게나 자녀들에게 잔소리를 해봐야 얻는 것은 별로 없다.
자신에게 잔소리를 퍼부어 대더라도 바로 자리를 털고 일어나서
늑장부리던 일을 해치우게 되지는 않는다.
그러니까 자신이 잔소리를 하고 있다는 것을 깨닫게 되면
그만하고 다른 전략을 찾아보기를 권한다.

당신이 그 일을 실행하지 못하는
이유는 무엇일까?

당신은 이 세상을 바꿀 만한 대단한 아이디어를 가지고 있고, 그것을 오랜 시간 놓지 않고 있는데…… 그런데 왜 실행에 옮기고 있지 못한 걸까? 왜 당신은 행동하지 못하고 생각만 곱씹고 있었을까?

내 경험에 비추어 보자면, 일을 미루고 늑장을 부리게 되는 데는 세 가지 이유가 있다 .

늑장피우고 있는 이유 1
당신은 진정으로 그 일을 원하지 않는다

그 일이 당신이 아닌 다른 누군가의 꿈일 수도 있다. 아마도 가족이나 사회에서 당신이 달성하기를 요구하는 목표이거나 또는 오래 전 설정해 놓아서 현재의 당신과는 거리가 있는 목표일지 모른다. 그게 아니라면 그 일이 그저 당신이 해야 한다고 생각하는 일이기 때문일 수도 있다. 나는 이것을 '그림자 목표'라고 부르는데, 언뜻 보면 목표인 듯 보이지만 실제로 당신이 그 일을 대할 때면 그저 시큰둥하게 되는 일들이다.

좋은 목표를 만나면 의욕이 충만하고 성취욕구로 가득 차게 된다. 매순간이 신나고 재미있지는 않더라도, 일을 진행하고 성취하는 과정에서 어느 정도의 희열은 늘 맛보게 될 것이다. 그에 반해서 '그림자 목표'의 경우는 성취해서 기쁨을 느끼기보다는 그 목표를 달성해 나가는 동안 버거워하면서 죄책감, 뭔가 잘못되고 있다는 불안감, 무력감 내지 때로는 절망감으로 어깨가 무거워지기 마련이다.

예를 들어 당신이 석사 학위를 따겠다는 결심을 했다고 하자. 그런데 그게 단지 생각에만 그치고 행동으로 연결되지 않는다면, 그것은 당신이 석사학위 자체에 관심이 있다기보다는 석사학위를 따내서 얻게 될 부가적인 것들에 더 관심이 있어서일 수 있다. '대학원에 가서 영화 공부를 하면 지금 머릿속에서 맴돌고 있는 것들을 각본으로 쓸 수 있을 것 같아'라는 생각을 하고 있다면, 나는 차라리 대학원 따위는 건너뛰고 바로 각본을 쓰기 시작하라고 권하고 싶다.

자신이 간직했던 꿈이라고 하더라도 당신이 그 꿈과는 너무 멀어져 있는 경우도 있다. 14살 때 인기가수가 되겠다는 꿈을 가졌더라도, 44살이 되어서 보면 더 이상 그때와 같은 열망이 남아있지 않을 수 있다. 감상적인 사람의 경우에는 그때의 열망과 같지 않다고 해서 꿈을 포기하는 것이 스스로 용납이 되지 않을 것이다. 하지만 현재의 자신에 맞춰 꿈을 키우고 수정하는 것이야말로 실용적이고 현명한 모습이다. 달리 생각해보면, 당신에게 당면한 모든 현실적인 사안들을 14살의 당신에게 판단을 맡기지는 않을 테니 말이다.

당신이 꿈을 이루지 못하는 경우에도 당신은 내면에 당신의 꿈을 고이 간직하고 있을 것이다. 당신이 당신만의 추억이나 환상을 잃지 않고 있는 것처럼, 당신의 꿈도 그저 날아가 버리는 경우는 없다. 꿈이라는 것이 버리고 싶다고 버려지는 것이 아니다. 하지만 그렇다고 해서 꿈이라는 것이 절대로 침해받지 않을 거라는 보장은 결코 없다. 꿈, 추억, 목표, 야망 등과 같은 것은 일단 정하고 나면 그대로 고정되는 것이 아니라 당신이 성장함에 따라 그에 맞게 유기적으로 발전하고 변화시켜 나가야 하는 대상이라는 점을 유념하자.

늑장피우고 있는 이유 2

아직 때가 되지 않았다

아직은 여건이 여의치 않은 경우가 있을 수 있다. 새로 태어난 아기가 있거나, 건강에 문제가 생기거나, 재정적으로 어려운 시기를 맞이하는 등의 환경적인 요인이 발생할 수 있다. 또는 아직은 스스로 준비가 부족한 상태일 수도 있다. 아직도 인생에서 더 배워야 할 것이 남아 있고, 정신적으로도 보다 성숙해져야 필요가 있을 수 있다.

또는 결혼할 짝을 찾는 경우처럼 뭔가 적당한 때를 기다려야 하는 것일 수도 있다. 짝을 찾는 사람이 있으면 주변에서는 "때가 되면 다 나타날 거야"라고 말하곤 한다. 물론 좋은 의도로 하는 말들이지만 솔직히 짜증나는 것도 사실이다. 더 짜증스러운 것은 그 말이 맞는 경우도 종종 있다는 점이다.

그도 아니면 새로운 기술이 발명되는 것을 기다릴 필요가 있다거나, 같이 할 누군가를 만날 때까지 기다려야 하는 경우가 있을 수 있다. 이유야 어찌 되었든 아직까지 때가 오지 않은 것이다. 그렇지 않다면 당신이 아직까지 그 일을 해내지 못할 이유가 없지 않은가?

지금까지 당신이 일궈낸 것들을 둘러봐라. 당신은 게으름을 피우고 있지 않다. 당신은 열심히 살고 있다. 오히려 너무 열심이어서 주변에서 걱정을 해주는 일도 있을 것이다.

23

늑장피우고 있는 이유 3

당신은 조금 겁을 내고 있다

어쩌면 겁이 많이 날 수 있다. 내가 해줄 수 있는 말은 "겁나는 게 당연해요!"이다.

예술 작품을 만드는 일이 겁이 날 수 있다. 벤처기업을 시작하는 일도 겁이 날 수 있다. 당신이 필생의 숙원사업을 세상에 내놓는 일은 그야말로 끔찍하게 겁이 나는 일일 수 있다. 그렇지 않다고 하는 사람이 있다면 대단한 거짓말쟁이임이 분명하다. 나는 사람들로부터 '해내야 하는 일이 있는데 엄청난 일이라서 엄두가 안 난다'는 이야기를 듣곤 한다. 그중 몇 가지 예를 들면 다음과 같다.

- 회고록 작성
- 가계재정 관리
- 양자물리학 재수강

- 치료사 자격증 취득(마사지, 기 치료, 감정 자유기법, 영성심리학 등)
- 자녀양육과 예술활동 병행하기
- 공연이나 학술회의 총기획
- 비행사자격증 취득
- 누군가의 드높은 기대에 부응하기
- 관객 앞에서 코미디 공연하기
- 부모님 집 정리
- 친구 및 직장동료와 긴밀한 연락을 유지하기
- 사업 확장
- 진정한 행복 찾기
- 책 기획안 작성

24

하나같이 앞으로의 인생을 좌지우지할 만한 중요한 일들이다. 그러니 당신이 겁을 집어먹고 어린 아이처럼 도망쳐 숨어버리고 싶은 것도 당연하다.

나는 삶의 매순간에 압도되고 두려워한다.
하지만 두렵다고 내가 하고자 하는 일을 포기한 적은
결단코 한 번도 없다.
– Georgia O'keeffe

해야 할 일이 있는데
자꾸 딴짓만 한다

상담을 하다 보면 자주 받게 되는 내용의 편지가 있는데, 그 중에 하나를 소개하려 한다.

> 할 일을 앞에 두고 자꾸 딴짓만 하게 됩니다. 유투브 동영상을 수 없이 보고, 컴퓨터 카드게임을 하거나 하릴없이 페이스북을 뒤지고 있습니다. 하다하다 부엌 바닥을 어찌나 열심히 닦게 되는지. 일생을 바칠 만한 과업을 앞에 두고서 이러고 있습니다. 나 자신에게 화가 나요. 내가 쫓고 있는 것이 그림자 목표여서 그런 걸까요? 어쩌면 좋을까요? ─ 엘리자베스

이제 내가 하려는 말은 엘리자베스뿐만 아니라 이 책을 읽고 있는 당신도 잘 들어줬으면 한다. 당신도 십중팔구 같은 고민을 하고 있을 거라는 걸 잘 알기 때문이다. 그러나 안심들 하시길. 그건 단지 '회피 행위'라고 일컬어지는 생물학적인 현상을 겪고 있는 것뿐이다. '회피행위'라는 것은 동물이 두 가지 본능 사이에서 갈등을 겪을 때 발생하는데, 이때 언뜻 적절하지 않아 보이는 전혀 뜻밖의 제3의 대안적인 행동을 보이는 경우를 일컫는 용어이다.

침팬지가 다른 침팬지의 도전을 받게 되는 경우를 예로 들면, 도전받은 침팬지는 도망가야 할지, 맞서 싸울지 선택의 기로에 서게 된다. 이처럼 즉각적인 판단이 어려울 때, 도전받은 침팬지는 머리를 긁적이거나 하품을 하거나 먼산을 보는 등의 행동을 한다. 도발적인 상황에 맞지 않는, 어이없게도 수동적인 반응을 보이는 것이다. 하지만 그 침팬지는 즉각적인 충돌을 피하고 결정의 순간을 미루기 위해 가능한 자신을 숨기고 있는 것뿐이다.

마찬가지로 창조하려는 욕구를 가지고 있지만 동시에 그것에 대한 두려움을 가지고 있다면, 내부에서는 이 두 개의 상반된 마음이 갈등을 일으키게 되고, 따라서 당신은 아예 이 상황에 대해 눈을 감고 인터넷게임이나 하며 시간을 흘려보내게 되는 것이다. 때로는 그렇게 몇 년을 보내게 될 수도 있다.

그런다고 해서 당신의 자존감이 낮다거나 당신의 꿈이 실현 불가능한 것이라거나 당신이 게으르다고 생각할 필요는 없다. 앞으로 이런 상황을 맞이할 때 자책하기보다는 이런 역학관계를 염두에 두면 되는 것이다. 그럼 다음과 같이 대응할 수도 있을 것이다.

"음, 나는 지금 뭔가 창작하고 싶은데, 그 결과에 대한 두려움이 있어. 아주 자연스러운 일이지. 하지만 두려워하고만 있어서는 아무 것도 할 수가 없잖아. 일단 타이머를 15분 정도 맞춰두고, 영감이 떠오르는 대로 뭐든 해보자고. 그리고 어찌 되는지 한 번 보는 거지."

그게 바로 이 책에서 다루려고 하는 것이다. 당신이 한 발 앞으로 전진할 수 있도록 격려해주고, 필요하다면 정신차리게 머리를 가볍게 한 대 쳐줄 수도 있다.

다음 장에서는 최선의 프로젝트를 선택하는 법에 대해 좀 더 살펴볼 것이다. 그 전에 맛보기로 간단한 팁을 하나 소개하겠다. 당신이 아이디어가 너무 많아서 갈피를 잡을 수가 없다면, 사람들이 신용카드 대금을 결제할 때 사용하는 방법을 고려해보는 것도 좋은 방법이다. 보통 둘 중의 하나인데, 먼저 결제기한이 제일 촉박한 것부터 해결을 하거나 아니면 이자가 비싼 것을 택해서 해결한다 .

한 오십 년쯤 지나고 보면 지금 당신이 걱정하고 있는 자잘한 걱정거리들은 아무 것도 아닌 것이 될 것이다. 하지만 당신이 그리는 그림, 당신이 집필하는 소설, 당신이 직접 바느질하는 인형, 당신이 공연하는 춤, 당신이 찍는 사진 등과 같은 창작의 결과물들은 세상을 바꿀 작품으로 남게 될 것이다.

ACTION STEP

지금 당장 15분의 시간을 내서 가장 하고 싶었던 프로젝트에 할애해 보자.

PART. 2

하고 싶은 것 중
무엇을
먼저 할까?

Get it done

좋은 아이디어가 너무 많아도 무엇을 어떻게 해야 할지 모를 수 있다. 또는 하나를 정해서 일단 시작했지만 다른 좋은 아이디어에 밀려서 금방 손에서 놓게 되기도 한다.

당신이 창조력이 넘치는 천재여서 좋지 않은 점이 있다면 반짝이는 아이디어가 너무 넘쳐나고, 이것저것 다방면에 재능을 보여서 어느 하나를 고르기가 어렵다는 점이다. 당신은 늘상 다음의 과정을 반복했을 것이다. 먼저 끝내주는 아이디어가 떠오른다. 어느 순간 갑자기 떠올렸음에도 참 구체적이면서 가슴이 떨릴 정도로 근사한 아이디어일 것이고, 당신은 이게 대단한 아이디어라는 것을 확신할 수 있다.

하지만 이내 온갖 걱정과 불안감 속에 맥이 끊겨버리고 결국 어떻게 진척시켜야할지 방향을 잃게 된다. 미리부터 필요한 모든 일을 한꺼번에 고려하기 때문에 그 일에 압도당하고 결국 시작도 하기 전에 질려버리는 것이다.

이렇게 정리해 보자. 당신의 두뇌는 문제유형을 파악하고 그 문제를 해결하도록 최적화된 멋진 장치이다. 마치 마법이라도 부리는 것처럼 머릿속에 온갖 궁금증이 일어나고, 또 애쓰지 않아도 그 해답을 바로 내놓기도 한다. 정말 천재적이다.

하지만 미지수나 변수가 너무 많아지면 그 장치는 과부하로 멈춰버리고 만다. 무한루프를 돌거나 자꾸만 한 자리에서 맴돌고만 있을 수도 있다.

"나는 X를 하고 싶은데, Y를 먼저 해놔야 할 수 있잖아. 그런데 또 Z가 안되어 있으면 Y를 할 수 없잖아. 지금 섣불리 뭘 건드리면 안될 거 같아…… 그래도 X를 한번 해봤으면 좋겠는데……. 그러려면 Y를 먼저 해놓는 게 맞고……"

끝이 없다.

쪼개고 나누자

"집을 싹 바꿔놓겠어!"라고 마음을 먹었다고 하자. 아주 멋지고 근사하게 눈앞에 그려볼 수도 있을 것이다. 가구며 벽지며 구석구석 작은 장식에 이르기까지 당신의 집은 머릿속으로는 이미 완벽하게 새로 변신해 있다.

이런 경우 비전보드를 활용할 것을 제안하는 사람들이 있는데, 내 경우에도 꽤 즐겨하는 방법이다. 비전보드는 하다 보면 재미도 있을 뿐 아니라 내면에 있는 구상을 예술적으로 시각화할 수 있다. 잡지같은 곳에서 필요한 사진이나 글자를 오려내 콜라주를 완성해 놓으면 당신의 목표나 꿈을 보지 않으래야 않을 수 없을 것이다. 요즘에는 온라인으로 만들 수도 있다. 비전보드를 활용해도 좋겠다는 생각이 든다면 바로 만들어 보도록 하자.

하지만 비전보드 없이도 예술인들은 보통 자신이 원하는 바를 구체화시키는 데 별다른 어려움을 느끼지 않는다. 보통은 세세한 점까지도 고려하고 있을 뿐 아니라 궁극적으로 원하는 것이 무엇인지까지도 명확하게 알고 있는 경우가 많다. 영화의 속편을 기획하기도 하고, 놀이공원을 구상하거나 세계풀뿌리민주주의운동과 같은 것을 꿈꾸고 있을 수도 있다.

비전보드를 만들어 놓고 자극을 받기보다
압박감만 느끼게 된다면 당장 떼내버리는 것이 좋다.
자극과 영감을 얻기 위해 만든 것일 뿐, 그 역할을 제대로 하지 않으면
굳이 붙여둘 이유는 없다.

집을 리뉴얼하는 계획으로 다시 돌아가 보면, 당신의 머리가 굴러가는 소리를 들을 수 있을 것이다. 어디서부터 시작할까? 비용은 어떻게 하지? 지금이 적당한 때인가? 시공업자는 믿어도 좋을까? 페인트칠을 했는데 색이 예상한 대로 나오지 않으면 어쩌지? 맘에 드는 장식 유리가 없으면 또 어떻게 해? 거기다 공사에 대해 나는 아주 꽝인데!

미지수와 변수가 너무 많다.

하려는 일의 범위를 정하고 단계를 나누어 진행한다면 골머리를 앓는 일을 조금은 쉽게 풀어낼 수 있을 것이다. 윗층 방의 바닥 카펫을 갈아치우는 일부터 하자고 마음을 먹게 되면, 마치 컴퓨터로 자료를 검색할 때 적당한 키워드를 넣어주면 바로 정보를 찾을 수 있는 것처럼, 두뇌는 카펫과 연관된 것들 중심으로 맹렬하게 움직일 것이다. 머릿속이 카펫에 대한 생각으로 요동치면서 점심시간에 지나다니는 길에 카펫 가게가 하나 있다는 것을 기억해낼 것이고, 사촌인 데니스가 최근에 집을 리뉴얼했던 것을 생각해낼 수도 있다. 데니스가 당신에게 조언을 해줄 수도 있을 것이다. 거기다 당장 오늘 신문에 카펫 세일 광고가 난다면 무심히 지나치게 되지는

않을 것이다.

이루고 싶은 일이 있다면 한꺼번에 해낼 엄두를 못내서 어쩔 줄 몰라하는 대신, 자신의 역량에 맞게 작은 단위로 나누고 쪼개서 실행가능한 일들로 만들어 놓도록 하자. 잊지 말아야 할 것은 만약 일을 앞에 두고 엄두가 나지 않아 늑장을 부리게 된다면, 그 이유는 그 프로젝트가 단번에 해내기에는 너무 큰 일이어서라는 것이다.

일단 일을 쪼개놓고 매일 조금씩 해나가다 보면 실제로 일이 진전되어 가는 것을 확인할 수 있다. 하지만 아직도 질문 하나가 남아 당신을 괴롭히고 있을 것이다. 도대체 무슨 수로 어떤 일이 지금 도전해야 할 일인지 알아챌 수 있나?

이제 뭔가 시작해 보려는 경우라면 당신에게 제일 중요한 일이 무엇인지 파악하는 것이 필요하고, 중요하지 않은 일은 걸러낼 수 있어야 한다. 다음에 나오는 질문들이 당신이 올바른 선택을 할 수 있도록 도와줄 것이다.

* * * * *

EXERCISE 1 : 할 만한 일인가 체크하기

아직 실행에 들어가지 못하고 머릿속에만 맴돌고 있는 많은 프로젝트들 중 하나를 띠올려 봐라. 물론 한두 개가 아니겠지만 지금은 하나만 필요하다. 제일 먼저 떠오르는 것으로 정해보자.

그리고 깊이 생각하지 말고 생각나는 대로 바로 예, 아니오, 대체로 그렇다 중 하나로 대답해 보자.

1. 이 프로젝트를 해서 배우는 것이 있고, 하는 동안 즐겁게 일할 수 있을까요?
2. 이 프로젝트를 해내면 당신의 인생에 뭔가 변화를 가져올 수 있을까요?
3. 이 프로젝트를 해내면 세상에 뭔가 변화를 가져올 수 있을까요?
4. 당신의 영혼에 호소하는 일인가요?
5. 십 년 후 이 프로젝트를 했는지, 안했는지 여부가 당신에게 중요할까요?

당신이 대답한 것을 찬찬히 살펴보고, 필요하다면 보충할 내용을 옆에 적어도 좋다. 그런데 질문 다섯 개가 결국은 하나의 질문을 다섯 가지 방식으로 표현한 것이라는 것을 알아챌 수 있을 것이다. 각각의 질문들은 그저 '이 일이 정말 할 만한 일인가요?'라는 질문을 조금 다른 각도에서 접근해본 것뿐이다.

당신이 하고자 하는 일이 세상을 바꿀 수도 있을 거라고 생각하면서도 당신의 영혼에는 아무런 울림이 없을 수도 있다. 괜찮다. 그저 그 일이 당신의 영혼을 위로할 만한 일은 아니라는 것을 유념하면서 일하면 된다. 그 일을 하고 있는 동안에는 뭔가 다른 정신적인 위안거리를 준비해놓을 필요가 있겠다.

모두 '예'라고 대답했지만, 첫 번째 질문에는 '아니오'를 선택했다면 당신이 이 프로젝트를 하기 위해서는 같이 일할 동료를 구하거나 팀을 구성하는 것이 필요하다는 신호일 수 있다.

그런데 그 프로젝트 자체가 사실은 그렇게 중요하지 않다는 것을 깨닫게 된다면 목록에서 지워버리거나 다른 사람에게 넘겨버리는 것이 좋을 것이다. 그다지 신경쓰이지도 않는 일 따위로 머리를 쥐어뜯으며 고민할 필요는 없다.

차라리 다른 프로젝트로 눈을 돌려서 같은 질문을 다시 던져보자. 이렇게 반복하면서 꼭 해야겠다는 프로젝트 다섯 개를 정해 보자. 특정 분야에 국한될 필요는 없다. 모든 과제가 창조적일 필요도 없다.

적어도 하나는 정말 말도 안되는 아이디어라고 생각되는 것을 시도해 보는 것도 좋다. 이거 아무래도 엉망일 거 같은데 싶더라도 눈 질끈 감고 뛰어들어 보자. 어쩌면 부가적인 노력이 수반되는 일이 생길 수도 있겠다. 공부를 더 해서 학위라도 따놓아야 할 것 같다는 소리가 들릴 수도 있다.

당신이 순수하게
좋아하는 것

다섯 가지 프로젝트 중에서 먼저 무엇을 선정할지는 당신이 순수하게 좋아하는 것을 기준으로 결정할 수 있다. 당신이 순수하게 좋아하는 것은 다른 말로 당신이 진정으로 하고 싶은 일을 말한다. 하고 싶은 욕구는 창조력을 달리게 하는 연료이다.

욕구를 잘 파악하는 것이야말로 당신에게 최적의 프로젝트를 선택할 수 있는 열쇠라고 할 수 있다. 당신의 욕구를 제대로 파악할 수 있도록 안내할 선호도 조사지를 준비해보았다 (부제를 주자면 '한 번에 두 마리 토끼를 쫓을 수는 없다'라고 할 수 있겠다). 직접 사용해 보기 전에 기사용자들의 경험담을 먼저 살펴보자.

마음의 도약 : 제리의 이야기

제리라는 영화작가의 선호도 조사를 진행한 적이 있었는데, 그때 그 친구는 글이 잘 안풀려서 아주 고심하고 있었다. 내가 되지 않을 것 같은 아이디어도 하나 넣어보라고 하자, 그는 스카이다이빙을 하고 싶다고 했다. "내가 왜 그걸 한다고 하는지 모르겠어요. 스카이다이빙을 정말 하고 싶은 건 아니에요"라고 덧붙였다. 나는 상관없다며 편하게 조사에 임하자고 했다. 특히 목록에 넣었다고 해서 그걸 꼭 해야 하는 것은 아니라고 그를 안심시켰다.

이후 조사를 진행하는 동안에도 스카이다이빙 항목에 이르기만 하면 그는 스카이다이빙은 절대 하지 않을 거라고 강조하면서 자기는 세 아이의 아빠로서 절대로 그런 위험한 행동을 하지 않을 거라고 했다. 나는 거듭해서 그에게 그저 마음이 닿는 대로 대답해 보라고 이끌었다. 그렇게 조사를 마치고 총점을 냈는데, 스카이다이빙 점수가 가장 높게 나왔다. 내 해석은 이랬다.

"당신은 작가잖아요. 그러니까 행간의 뜻을 읽을 줄 알아야지요. 스카이다이빙이라고 말하지만 실제로 비행기에서 뛰어내리는 게 아닐 수 있어요. 뭔가 당신이 하는 일에 전환이 필요한 게 아닐까요? 정신적인 것일 수도 있고요. 그러니까 당신의 본능이 당신은 감정적으로 스카이다이빙이 필요하다고 알려주고 있는 거지요."

내 말을 듣고 제리는 나를 쳐다보더니 "내 아내말이에요!"라고 외쳤다. "아무래도 아내에게 다시 프러포즈를 해야할 거 같아요. 애들이 태어나고 나서는 우리 사이가 조금 소원해졌거든요. 지금 깨달았는데, 우리가 처음 사랑에 빠졌을 때처럼 하늘을 붕붕 떠다니는 것 같기도 하고 비행기에서 뛰어내리는 것 같기도 한 그런 느낌을 다시 느껴보고 싶어요. 사실 위험부담이 있기는 한데, 아내는 무슨 연속극 찍냐고 웃어넘길 수도 있거든요. 하지만 아내에게 사랑의 노래라도 지어바치고 다시 결혼해달라고 하고 싶어요."

엉뚱하고 말도 안되는 아이디어라고 생각했던 것이 결혼생활의 위기를 극복하게 해줄지 누가 알았겠나?

결혼생활 : 아이린의 이야기

일전에 Leeza's Place^{알츠하이머 환자와 간병인들을 돕는 전국적 조직}라는 곳에서 워크숍을 진행했다. 60대 후반에서 70대에 이르는 8명의 참가자들과 진행했는데, 대부분 질병 말기에 있는 배우자들을 간병하고 있었다.

내가 그들의 선호도 조사를 한 이유는, 그들이 잠시라도 자신을 돌아보고 자신을 위해 하고 싶은 일이 무엇인지 생각해볼 수 있었으면 하는 마음에서였다. 다들 알겠지만 간병을 해야하는 사람에게 자신이 원하는 것을 돌아보게 하는 것은 사실 좀 조심스러운 일이다.

39

그 분들은 자신이 하고 싶은 일을 적고서는 점수를 내기 시작했다. 잘 진행되는가 싶더니, 조금 완고하게 생기고 맵시있는 운동복을 입고 있던 여자분이(성함은 아이린이었는데) 갑자기 이의를 제기했다.

"이게 무슨 쓸데없는 일을 하고 있는 건지 모르겠네요."

"내 말은……" 이라고 그 분이 말을 뗐다. "지금 제일 하고 싶은 일은 여행이지요. 나야 항상 여행다니는 걸 좋아했으니 말이에요. 하지만 알츠하이머에 걸린 남편 뒤치닥거리에 바쁜데 내가 어떻게 여행을 갈 수가 있겠어요? 그러니 이딴 거 해봐야 무슨 소용이 있겠어요?"

나는 이렇게 대답해드렸다. "할 수 없다는 걸 알더라도 무엇을 하고 싶은지 아는 것만으로도 때로는 가치가 있답니다. 그리고 힘들어도 내색하지 않고 괜찮다고만 하기보다는 실망도 하고 분하고 억울하다는 표시도 내고 화도 내고 하는 게 좋아요."

아이린은 믿기 어렵다는 표정을 지었다.

"그리고 여기 보니까, 두 번째로 하고 싶은 일에는 브리지 게임하기를 적으셨네요. 그거 하러 가는 것도 여행의 일종이 되지 않을까요? 그러니까 스튜디오시티에 다녀오실 수도 있잖아요. 몇 시간이면 되니까요. 그렇더라도 여행은 여행이지요. 안그래요? 왜 애들을 키우다 보면 마트에 가는 일이 보물찾기하러 가는 일로 둔갑하기도 하잖아요. 그런 식으로 돌려서 생각하는 게 도움이 될 수도 있거든요."

아이린은 그렇게 생각할 수 없는 거 같았다.

이때 저쪽 끝에 앉아 있던 에드가라는 분이 나섰다. "지난 가을에 아내와 여행을 갔거든요. 멕시코까지 유람선을 탔지요. 예전에 타봤던 유람선이라 대충 어떻게 생겼는지 알고 있었고, 아내도 조금 익숙했을 테고, 다른 부부와 같이 단체로 가서 아내를 혼자서 다 건사하지 않아도 되었지요. 정말 좋았답니다. 3일 정도밖에 안되는 기간이긴 했지만, 여행은 여행이었지!"

40

내가 뭐라고 말을 보태기도 전에 다른 여자 분이 나섰다.

"저번 주에 난 우리 남편이랑 산타바바라에 가서 점심을 먹었는데, 그것만으로 휴가를 갔다 온 기분이더라고요. 11시에 집을 나서서 4시에 돌아왔거든요. 그래도 휴가갔다 온 것처럼 재충전이 되더라고요!"

그제서야 아이린도 조금 수긍하는 것 같았다. "그러게, 한 번 해볼 만하겠네요."라고 아이린이 말했고, 나는 바로 이렇게 응답했다.

"맞아요. 거기에 할 수 없다고 생각하면서도 일단 하고 싶다는 말을 내뱉고 나니, 모두가 열심히 온갖 아이디어를 떠올려서 결국 해결책까지 내놓게 되었잖아요? 이게 바로 원하는 것이 무엇인지 확실히 정하고 모두에게 알리면 얻게 되는 이점이랍니다."

혹시 허무맹랑하게 여겨질지라도 당신이 정말로 무엇을 원하는지 알아 두고 주변에
도 알려두면 그 사실을 공표했다는 것에 더해서 다른 사람들도
당신의 목표와 관련한 혁신적인 아이디어를 같이 고민할 수 있도록 해준다.
당신이 소망하는 것을 속으로만 간직하고 있으면,
결국 그 일은 당신 혼자 온전히 다 해야 하는 것이 된다.
하지만 혼자서 모든 것을 다 해가면서 꿈을 실현시키기는 어렵다.

당신이 순수하게 좋아하는 것은 당신이 시간과 비용을 따지지 않고, 결과도 재지 않고, 다른 사람에게 그다지 지장이 없기만 하다면 하고 싶은 일을 말하는 것이다. 그러니 이제 뒷일에 대한 걱정을 일단 접어두고 이 조사에 임해보도록 하자.

* * * * *

EXERCISE 2 : 내가 좋아하는 것 찾기

다시 말하지만 한 번에 두 마리의 토끼를 쫓을 수는 없다.

얼핏 보기에는 조금 복잡하게 여겨질 수도 있다. 숫자를 보니 머리가 아파올 것이다. 하지만 정말 간단하다.

쌍방비교법이라는 것을 활용했는데, 여러 가지 선택사항 중에서 결정을 해야 하거나 사과일지, 오렌지일지 고르는 경우처럼 두 개의 옵션을 비교할 때 매우 유용한 툴이다. 각자에게 맞는 답이 다 다르니, 정답을 찾으려고 노력할 필요는 없다. 의외의 답이 나올 수도 있으니 마음의 준비를 하고 있자.

한 가지 말해둘 것은 당신이 프로젝트를 선택하는 데 있어서 당신이 얼마나 하고 싶어하는지가 물론 중요하기는 하지만 꼭 그것만이 고려할 사항은 아니라는 점이다. 지금 바로 결정을 내리려는 것도 아니고, 어떤 결론에 이르러야 하는 것도 아니다. 여기서는 그저 퍼즐을 완성하는 데 쓰일 퍼즐 조각 하나를 구하는 것이라고 생각하자. 필요한 조각은 당신이 무엇을 좋아하는지이다.

1단계. 당신의 프로젝트들을 둘씩 짝지어서 비교해 보라.
다음과 같은 목록이 있을 수 있다.

1. 소설쓰기

2. 5분짜리 영화 제작
3. 우루과이로 이민 가기
4. 블로그 만들어서 운영하기
5. 석사학위 따기

만약 어떤 프로젝트를 먼저 할지 확실하게 정했다면, 그 프로젝트를 완수하기 위해서 무슨 일부터 시작해야 할지에 관해서 비교해볼 수 있다.
만약 당신이 블로그를 만들겠다고 정했다면 다음과 같은 준비 과정을 목록으로 작성할 수 있을 것이다.
1. 로고 만들기

2. 이름 정하기

3. 메뉴 정하기

4. 비슷한 블로그 찾아 참조하기

5. 컴퓨터 관련 자문 얻을 사람 구하기

모든 게 아귀가 딱 들어맞아서 원하는 대로 술술 풀려나가는 것을 상상해 보면 정말 신이 날 것이다. 평행우주같은 곳에 들어갔는데, 거기서는 무엇이든 쉽고 빠르게 이루어지고 돈을 억 소리나게 벌어들인다. 주차도 무료에다 친절한 사람들과 좋은 음식이 넘쳐난다. 무슨 마법가루라도 뿌려댄 것처럼 시간과 노력을 들여야 할 일들까지도 마냥 쉽고 재미있기만 하다. 그런 세상이 있다고 가정해보는 것이다.

그렇게 모든 것이 완벽한 세상에 살고 있는 당신 앞에 내가한 손에는 당신이 적어 놓은 첫 번째 과제를, 다른 한 손에는 두 번째로 적은 과제를 들고 나타나는 것이다. 당신은 둘 중무엇을 고르겠는가? 그냥 끌리는 대로 선택해라. 1, 2번 중에서 당신이 더 끌리는 쪽에 동그라미를 치도록 하자. 모든 번호조합을 가지고 같은 과정을 반복해 보자.

- 1 또는 2?   • 2 또는 3?   • 3 또는 4?   • 4 또는 5?

- 1 또는 3?   • 2 또는 4?   • 3 또는 5?

- 1 또는 4?   • 2 또는 5?

- 1 또는 5?

2단계. 점수를 합산하라

동그라미가 그려진 횟수만큼 점수를 획득하는 것으로 하고 각각의 번호의 총점을 내보도록 하자.

3단계. 결과를 분석하라

결과를 살펴보자. 한 표도 얻지 못한 항목이 있나? 그럴 수 있다. 그 결과로 볼 때 당신은 그 프로젝트를 그다지 신경쓰고 있지 않다. 그러니 그 프로젝트는 논외로 밀어두어도 좋을 것이다.

그런데 그 결과가 사실은 보다 현실적인 염려로 생긴 것일 수도 있다. 마법처럼 모든 원하는 것을 쉽게 얻을 수 있는 곳에 있다고 생각하라고 내가 아무리 떠들어도, 당신은 도저히 받아들이지 못하고 그 과제가 너무 힘들어 보여서 선택을 할 수가 없었던 것이다. 그런 경우라면 조금 더 두고 보도록 하자.

그리고 어떤 경우에는 당신이 꼭 해야 하는 일이기는 한데, 당신이 그 일에 흥미가 없다는 것을 스스로 너무 잘 알아서 0표가 되기도 한다. 연말정산과 같은 일을 예로 들 수 있겠다. 그래도 좋다. 그다지 하고 싶지 않은 일이라는 것을 알아두는 것도 그 일을 완수하는 데 있어서 중요한 역할을 한다. 그다지 끌리지도 않는 일을 제대로 해내려면 도움을 얻거나 뭔가 자신에게 보상을 해줘야겠다는 보완책을 마련할 수도 있으니 말이다.

몰표를 받은 항목이 눈에 띈다면 가장 좋은 것이다. 때로는 예상치 못한 것이 될 수 있겠고, 때로는 당신이 늘상 마음에 품고 있던 것이 될 수도 있다.

보통은 2표, 3표를 받은 항목들이 고만고만하게 있어서 선호하는 것이 무엇인지 고를 수 없는 경우가 많다. 그야말로 당신이 왜 헤매고 갈팡질팡하고 있는지 알 수 있는 경우다. 당신은 여러 가지를 고르게 좋아하는 것이다. 그렇다면 이제 나머지 고려사항들을 점검할 차례이다. 예를 들자면,

1. 기한이 정해져 있어서 먼저 끝내야 하는 것은 무엇인가?
2. 제일 쉽게 해치울 수 있는 일은 무엇인가?
3. 투자 대비해서 가장 큰 수익을 기대할 수 있는 일은 무엇인가?
4. 당신이 중히 여기는 가치를 가장 만족시키는 일은 무엇인가?
5. 제일 즐기면서 할 수 있는 일은 무엇인가?

여기서 알아둘 점 하나, 이 방법은 저녁을 어디서 먹어야 할지 정할 때에도 아주 유용하다.

여기까지 오면 어떤 프로젝트를 먼저 시작할 것인지 결정을 보았을 것이다. 다음의 제안 두 가지는 당신이 진행에 박차를 가할 수 있도록 도와줄 것이다.

＊ ＊ ＊ ＊ ＊

EXERCISE 3 : 프로젝트에 이름 다시 짓기

일단 무엇을 할 것인지 정했다면 새로운 이름을 붙여보자. 당신이 써놓은 대로 보자면, 보통은 '원고 교정'이나 '웹사이트 갱신'처럼 무시무시한 숙제 같은 말로 적어 놓았기 십상이다. 그렇지 않다 하더라도 당신이 적어 놓은 명칭은 너무 오랫동안 품어왔기 때문에 생각하는 것만으로도 뭔가 짐덩어리가 얹히는 기분이 들 수 있다.

재미있는 이름이나 우스꽝스러운 이름, 섹시한 이름, 보면 절로 웃음짓게 되는 이름으로 지어보자. '소설 쓰기'라고 하면 지루하게 들리지만 '나만의 다이아몬드 다듬기'라고 하면 재밌게 들린다. '워크숍에 대해 이메일 보내기'라고 하면 지겨운 일 같아도 '인터넷으로 키스 천 번 날리기'라고 해놓으면 해볼 만한 일로 여겨진다.

메이라는 친구는 아이를 양육하느라 중단했던 배우로서의 경력을 다시 시작하려고 노력하고 있었다. 처음부터 다시 시작해야 한다는 생각에 많이 우울해 했다. 바닥부터 시작하기에는 나이가 많다는 생각도 있어서 머뭇거리고 있었다. 하지만 '중앙무대 찾아가기'라고 새로 이름을 붙여놓고 나자 연기에 대한 열정이 다시 불붙었고, 아이들의 부양과 바깥일을 양립하느라 분투하는 중에도 배우의 자리를 포기하지 않을 수 있었다.

너무 문자 그대로의 뜻에 집착할 필요는 없다. 리자라는 친구는 자기의 프로젝트의 이름을 '망고 끌어안기'라고 불렀는데, 그녀의 과제가 과일하고 연관이 있어서가 아니라 그저 그 이름이 입맛을 돌게 하고 감성적으로 느껴졌기 때문이었다.

지나라는 친구는 방송작가로 꽤 성공하고 있었는데 영화대본을 쓰고 싶어했다. 내가 새 이름을 지어보라고 권하자 "아직 영화 제목도 정하지 않았어"라면서 저항했다. 나는 그래도 괜찮다며 "대본을 쓰려고 생각하면 '쓰기'를 제외하고 어떤 동사가 떠오르나요? 춤추기? 연애하기? 노래하기?"라는 질문을 던져 보았다. 그녀는 조금도 머뭇거리지 않고 바로 '낳기'라고 대답했다.

"잘했어요. 그럼 당신 대본을 색에 견주어 보면 어떤 색이 연상되나요?"라고 질문하자, '파란색'이라는 대답이 되돌아왔다. 그래서 나는 이렇게 말해주었다.

"완벽해요! 그럼 '파란색 탄생시키기'라고 이름지으면 되겠네요."

꾸물거리지 말고 당신의 프로젝트에 맞는 이름 몇 개를 지어 보자. 그리고 제일 근사하게 보이거나, 제일 도발적이거나 또는 뭔가 신기한 끌림이 있는 것으로 하나 골라보도록 하자.

EXERCISE 4 : 할 수도 있는 일 목록 만들기

 빈 종이의 제일 윗단에 '할 수도 있는 일'이라고 적어 보자. '해야 하는 일'이라고 하면 강압적으로 느껴져 심적으로 거부감이 생기고 적대감까지 들 수도 있다. 마치 사춘기 여학생이 숙제하라는 잔소리에 입을 삐죽이게 되는 것처럼 말이다. 하지만 '할 수도 있다'라고 쓰면 선택의 여지가 있다는 느낌을 준다.

 빨래를 할 수도 있고, 안하면 그 대신 옷에서 더럽고 냄새가 나더라도 그대로 입고 돌아다니면 된다. 내가 선택할 문제인 것이다. 주어진 과제를 반드시 해야 하는 일이라고 생각하고 있더라도 '안할 수도 있지'라고 도망갈 여지를 남겨두면 왠지 좀 더 편안한 마음이 된다. 거기다 우리가 지금 앞으로 꼭 하게 될 일을 다루고 있는 것은 아니지 않은가? 우리는 그저 할 수도 있는 일에 대해서 이것저것 생각해 보고 있을 뿐이다. 그 일을 하게 될 수도 있지만, 또 안하게 될 수도 있다. 아직은 아무 것도 알 수 없다. 그냥 그 일에 대해 맛보기를 하고 있는 중이다.

 목록을 어떻게 잘 꾸릴지에 관해서는 5장에 가서 좀 더 살펴보도록 하겠다. 여기서는 목록을 시작하려고 할 때 도움이 될 만한 사항 몇 가지를 제안하려고 한다.

'할 수도 있는 일'을 작성하다 보면 오래 묵혀두었던 생각들, 조금 엉성하고 허황될 수 있는 생각들까지도 꺼내 볼 수 있다. 그리고는 천만 년이 지나도 결코 하지 않을 거라고 생각됐던 실천과제일지라도 적어놓게 되면, 후에 목매고 덤벼들 만한 창대한 계획의 단초를 얻게 될 수도 있다.

예를 들어 '저명한 요리사에게 전화해서 추천인이 되어 달라고 하기'라고 적어보는 것이다. 사실 너무 엉뚱하고 실현불가능한 계획으로 보이는데, 당신은 대안으로 근방의 출장요리사나 식당 주인, 요리전문기자 등에게 접촉해보겠다는 방향으로 생각을 돌려볼 수 있다. 그러다 보면 애초의 그 저명한 요리사와 연락이 닿을 수도 있는 일이다. 일이 어떻게 풀릴지는 알 수 없는 것이다.

1. 이 프로젝트에 도움을 줄 수 있는 사람을 적어보자.

아는 사람 중에서 고르거나, 혹은 당신이 우러러 보고 당신에게 영감을 불러 일으키는 인물을 적어도 좋다. 역사 속의 위인을 가상의 도우미로 설정하는 것도 가능하다. 일단 대상이 정해지면 그 인물이 당신의 과업을 달성하는 데 어떤 기여를 할 수 있는지도 적어보자. 이 사람이 조언을 해줄까? 사람을 소개시켜주는 일을 하나? 응원하는 역할인가? 원고 교정을 해주나?

2. 이 프로젝트에 절대 도움이 되지 않을 사람을 적어보자.

당신이 어려울 때 의지할 수 있는 사람임에도 지금 당장은 도움이 되지 않을 사람으로 정할 수도 있고, 또는 늘상 비판만 하는 사람을 선정할 수도 있다. 다른 걸 다 떠나서 당신의 프로젝트에 대해 오늘 당장 터놓고 의논하지는 못할 것 같은 사람을 떠올려 보도록 하자. 그 사람을 택했다고 해서 당신이 그 사람에게 애정이 없다거나 그 사람을 존경하지 않는다거나, 그 사람의 의견을 존중하지 않는 것은 결코 아니다. 그저 지금 당장은 그 사람이 이 일과는 상관없이 떨어져 있었으면 좋겠다는 것이다.

3. 당신의 프로젝트를 진행하려면 꼭 해야할 일이면서 당신이 거뜬히 해낼 만한 쉽고 간단한 일을 하나 적어보자.

15분 정도만 투자하면 될 법한, 정말 가볍게 할 수 있는 일로 정해보자. 어디까지나 걸음마 단계니까 말이다.

당신이 선정한 프로젝트를 오늘부터라도 준비하려고 할 때, 소소하게 할 수 있으면서 그 결과가 하루하루 쌓여나갈 수 있을 만한 것이 뭐가 있을까?

- 자료조사를 해두어야 하나?
- 사놓거나 빌려 놓아야 할 공구가 있나?
- 이것저것 밑그림을 그려둬야 할까?
- 전화나 이메일로 간단히 연락해 놓아야 할 곳이 있나?

흠, 이 정도면 충분한 거 같다. 매일 아침마다 챙겨서 할 만한 간단한 일을 적어 두고 실행해 나간다면 나중에는 엄청나게 일이 진척되어 있는 것을 발견하게 될 것이다. 거기에 보너

스로 몸이 날아갈 듯 신나는 기분도 느끼게 될 것이다.

늑장을 피우면 피우는 대로 심장에 무리가 오는 것과 마찬가지로, 아무리 작게라도 일을 진척시키면 진척시키는 대로 몸이 절로 춤을 추게 되어 있다.

> 사람들은 일반적인 질문에 대해서는
> 그저 한숨을 내쉬거나 먼 산을 보거나 불평하며 회피하지만,
> 질문의 요지가 확실한 것에 대해서는 바로 확실하게 대답해준다.
> 예를 들어 "대본 1장에 나오는 대사들은 매끄럽게 잘 나왔나요?"라든가
> "포틀랜드 시내에서 수성페인트 잘하는 집 좀 소개해주 실래요?"와 같은
> 질문을 하면 즉시 대답을 얻을 수 있다.

<u>51</u>

ACTION STEP

당신의 프로젝트를 지지해주는 친구나 동료를 만나서 도움이 될 만한 아이디어나 의견, 제안 등을 들어보도록 하자.

PART. 3

나만의
창조력
도구상자

Get it done

새로운 도구나 방식에서 영감을 받는 편입니다. 그렇지만 직접 사용하는 것은 왠지 꺼려집니다. 어쩌면 좋을까요? - 레오나드

계획을 하면 오히려 계획을 망치는 것 같아요. 그래요! 계획을 한다는 것 자체가 반항심을 불러일으켜서, 내 안에서 '나를 조정하려고 하지 마' 하는 소리가 들려요. 그래서 계획같은 건 세우지 않아요. - 노라

앞뒤 꽉막힌 천재한테 특히 효과 있는, 당신이 아는 가장 강력한 동기부여 비책을 알려주신다면 정말 한량없이 감사하겠습니다. -제리

우리는 때로 새로운 방식을 거부하는데, 그것이 우리에게 잘 맞지 않아서 그럴 때도 있고, 또 어떤 경우에는 우리에게 잘 맞는데도 그저 변화 자체에 대한 거부감으로 고집을 피울 때도 있다. 하지만 일단 시도해 보지 않고서는 어떤 경우인지 말하기 어렵다. 그러니까 새로운 방식이 출현하면 일단은 몇 주간의 시험기간을 거쳐 보도록 하자. 해봐서 효과가 있으면 좋고, 효과가 없으면 당신이 나서서 손을 보거나 또는 개선시켜 볼 수도 있을 것이다. 그게 또 당신에게 영감을 줘서 뭔가 전혀 엉뚱하지만 당신에게는 완벽한 무언가를 끌어내는 계기가 될 수도 있다.

제스의 초대형 일기장

제스는 키가 크고 뭐든 정확한 것을 좋아하는 친구인데, 생긴 것이나 행동하는 것이 작가다 싶게 생겼다. 그게 다행인 것이, 그는 실제로 작가이다.

몇 해 전에 그는 모닝페이지라는 것을 해보겠다고 나섰다. 매일 규칙적으로 글을 쓰는 이 방법은 실제로 많은 예술가들에게 그들이 발전하는 전기를 마련하는 데 있어 큰 도움이 되었다. 하지만 그 결과가 제스에게는 조금 다른 양상으로 나타났다.

"난 정말 미쳐버리는 줄 알았어요. 정말 생각하기도 싫어요. 내가 한 달이 넘게 억지로 참고 해봤는데 매일 아침 내가 생각한 것이라고는 '정말 지루한 일이야. 큰 글씨로 쓰면 좀 더 빨리 종이를 채울 수 있을 텐데, 그렇게 하면 속임수를 쓰는 건가?'가 다였어요."

결국에 제스는 모닝페이지가 자신과는 맞지 않는다는 것을 깨달았다. 그는 굳이 글로 쓰고 정리하는 연습 없이도 뭐든 언어로 표현하고 정리하는 데 익숙했고, 그래서 굳이 머릿속에 잘 정리되어 있는 내용을 다시 종이에 옮겨 적어야 하는 것이 쓸데없이 느껴졌기 때문이다.

그에게 필요했던 것은 이것저것 설명하는 것이 아니라 그의 감정을 예술적으로 표현하는 것이었다. 그래서 그는 갱지로 된 커다란 도화지와 매직펜 한 상자를 장만해서 아침마다 그의 기분에 따라 슥슥 그림을 그려가기 시작했다. 예술작품을 만들 의도 따위 없이 그저 그의 내면에 있는 것들을 종이 위에 쏟아내었다. 누군가에게 보여줄 필요도 없고 싸구려 종이를 썼기 때문에 망쳐버려도 아무 부담이 없고, 자기를 있는 그대로 발산할 수도 있고, 감정을 표현함에 있어 시각적으로 조금 지나치다 싶은 표현까지 과감하게 해볼 수 있었다. 꿈을 재현해 그릴 때도 있고, 표식 같은 것을 그리기도 하고, 어떤 때는 만화를 그리기도 했다. 자화상이나 다른 사람들의 초상화를 그릴 때도 있었다. 자신의 목표도 그림으로 표현해 보고, 공포도 표현해 보고, 간절한 기원을 그림에 담아보기도 했다.

그는 내게 "항상 생각하기를, 일기 하나 제대로 꾸준히 작성할 줄 모르고 참 문제다 싶었거든요. 그런데 이제 보니 일반적으로 사용하는 종이가 저한테 너무 작았던 거였어요"라고 말했다.

다음에 소개할 실천과제들은 내가 직접 해보기도 하고 많은 사람들이 효과적이라고 검증해준 것들이다. 당신도 효과가 있을지 한 번 해보면 좋겠다. 물론 여기 적힌 대로 해보는 것이 먼저겠지만, 맞지 않는 부분이 있으면 얼마든지 당신에게 최적화된 형태로 변형시켜도 좋다.

기적을
만들어 내는 습관

    다음으로 당신을 표현력 풍부하고 창의력 넘치는 천재로 변신시키는 기적을 만들어낼 습관 세 가지를 소개하겠다. 내가 상담과 워크숍을 진행하면서 만난 사람들 중에서 이 습관을 제대로 활용한 사람들은 정말 입이 떡 벌어질 정도로 놀랄 만한 효과를 얻었다.

기적을 만들어 내는 습관 1 :
당신의 프로젝트를 위해 하루에 15분 할애하기

    당신을 내 맘대로 움직일 수 있다면, 나는 우선적으로 당신이 매일 15분 동안 당신의 프로젝트를 위해 무언가를 할 수 있도록 하겠다. 하지만 당신의 삶을 결정하는 건 물론 당신 자신이고, 나는 당신의 삶을 좌지우지할 만한 입장에 있지 못하다. 그래도 당신의 프로젝트를 위해 매일 놓치지 않고 시간을 할애해 보라고 힘주어 권해 본다.

    매일 아침마다 15분만 당신의 프로젝트를 위해 투자해 보자. 인터넷으로 메일함을 열어보기 전에 말이다. 아마도 인터넷의 유혹을 물리치는 데는 강철 같은 의지가 필요하리라. 그렇지만 일단 해내면 보람이 있을 것이다. 바깥 세상의 소식은 당신 자신에게 집중하는 시간 몇 분을 위해서 잠시 미루어 두어도 괜찮다.

당장 부엌에서 타이머를 챙겨 들자. 휴대폰의 타이머 기능을 사용해도 좋다(이 경우 당신이 좋아하는 음향을 알림소리로 선택할 수 있다). 15분 동안 아무 것도 안하고 그저 앉아있기만 해도 도움이 될 수 있다. 주의력결핍장애를 앓고 있는 수강생들에게 들었는데, 타이머를 사용하는 것이 주의력 환기에 특히 유용하다고 한다.

15분이라는 시간 동안 할 수 있는 일이 얼마나 많은지 아마도 깜짝 놀라게 될 것이다. 하루에 15분이 쌓이면 일주일이 되고, 다시 한 달이 되고, 한 계절을 보내고, 그렇게 일 년을 보낸 후 당신의 일이 얼마나 많이 진척되었는지 확인하면 아마도 말문이 막힐 것이다.

너무 당연한 일이다. 매일 15분씩 기타 연습을 하면 그리 오래지 않아 기타 솜씨가 괄목하게 향상되는 걸 많이 보지 않았나? 매일 15분씩 꾸준히 소설을 쓰게 되면, 머지않아 소설을 탈고할 수 있게 될 것이다. 매일 복근운동을 15분씩 해봐라. 금세 배가 단단해질 것이다.

하지만 마음 한구석에서 이게 그렇게나 효과적일까 의구심이 들 수 있다. 대단한 일도 아니고 그다지 체계적으로 보이지도 않으니 말이다. 게다가 하다 보면 심적으로 거부감이 들고, 짜증도 나고, 실망이 커져서 금새 지쳐버릴 수도 있다. 그런데 사실 뭔가 삶에 커다란 변화가 생기려고 할 때, 그런 감정적인 동요는 자연스러운 현상이기도 하다.

이 시간을 하루 한 번 내가 주인공이 되는 시간이라고 여겨도 좋을 것이다. 하루 15분만이라도 자신이 정말 유명한 예술가인 것처럼 대접해주는 것이다.

이제는 당신이 이런 질문을 할 때가 되었다.

"다 좋아요. 그런데 15분 동안 도대체 내가 뭘 어떻게 해야 하는 건가요?" 그에 대한 답은 다음을 참고하도록 하자.

당신이 주인공이 되는 하루 15분. 왜

잠시 눈을 감고, 깊이 생각할 필요 없이 머뭇거리지도 말고, 다음 질문에 대한 답을 해보자.

'이 프로젝트가 나에게 무슨 의미가 있나? 이 프로젝트를 통해 나는 어떤 가치를 추구하고 있나?'

아마도 '자유', '환희', '자아실현', '사랑', '좁은 틀에서 탈출하기', '세상이 틀렸다는 것을 증명하기' 등과 같은 대답을 할 수 있을 것이다. 어떤 대답이 되었든 당신 얼굴에 미소가 떠올랐다면 그게 바로 정답이다.

대답이 나왔다면 팻말로라도 만들어서 붙여놓거나 타이머 옆에 두도록 하자.

당신이 주인공이 되는 하루 15분. 무엇을

꾸물대지 말고 바로 15분 동안 할 만한 일이 뭐가 있을지 머리를 짜내 보도록 하자. 경계를 두지 말고 이것저것 가능성을 열어두도록 한다. 어떤 날은 아침에 호기롭게 일어나서 시 창작 경연대회 같은 거창한 일에 도전하고 싶을 수 있고, 어떤 날에는 차분하고 수줍은 마음에 그저 긁적거리거나 몽상에 빠져있고 싶을 수도 있다. 다양한 목록을 가지고 있으면 그날그날의 기분에 따라 적당한 실천과제를 선택해서 수행할 수 있다.

내가 로미오와 줄리엣이라는 극본을 쓰고 있다고 가정해 보자. 이 경우 15분짜리 실천과제의 예를 들어보자면 다음과 같겠다.

- 유모 인물유형 잡아보기
- 독약이나 수면향 조사하기
- 발코니 장면 구상하기
- 출판사에 연락하기
- 제목 구상하기
- 책 표지 뒷면에 들어갈 작가 소개글 작성하기
- 결투를 벌이면 받아야 할 처벌 확인하기
- 블로그에 옳은 일을 하기 위해서 나쁜 수단을 취하는 경우에 관한 주제로 글 올리기
- 장미가 장미가 아닌 다른 이름을 가졌더라도 그 향이 그토록 향기로울지 설문조사 해보기

당신이 주인공이 되는 하루 15분. 언제

보통은 아침에 하기를 권한다. 나도 그렇지만 많은 사람들이 아침에 우선적으로 해버리는 것이 효과적이라고 한다. 하지만 일과 후나 자기 전 시간이 더 편한 사람이 있을 수도 있다. 어떤 사람들은 한밤중에 일하는 걸 선호하기도 한다. 당신에게 맞는 시간대를 찾아보도록 하자.

점심시간에 집필한 연극대본

나에게는 에밀리 벡이라는 친구가 있는데, 수상한 경력도 있는 극작가이자 연출가이다. 그녀는 하루 20분씩 투자해서 작품을 두 개나 집필해냈다. 사내아이 둘을 키우느라 그녀가 작품활동에 몰두할 수 있는 시간은 점심시간 20분 정도뿐이었고, 그런 식의 작업방식이 편하지는 않았을 테지만, 그래도 그녀는 주어진 여건에서 최상의 결과를 일궈냈다.

그렇게 해서 훌륭한 작품을 완성해냈을 뿐 아니라, 매일 규칙적으로 집필하는 것이 그녀가 목표를 잊지 않도록, 그리고 육아와 바깥 활동을 병행하느라 바쁜 중에도 자신의 예술적인 자아를 잃지 않도록 일깨워주었다고 한다.

레슬리의 경험 (본인이 쓴 글)

솔직히 말해서 처음에는 당신을 믿지 않았습니다. 당신은 아주 확신에 차서 하루 15분 투자하는 것만으로도 프로젝트를 완수할 수 있다고 말했지만, 속으로 '어련하시겠어요'라고 말하고 말았습니다. 늘 그런 식으로 무슨 일이든 시작도 못하고 우왕좌왕하다가 아무 일도 하지 못했거든요.

목걸이를 만들어 볼까, 그림을 그려 볼까 하다가도, 뭐든 하려고 들면 그 자리에서 끝내야 한다는 압박감 때문에 결국 그냥 접어버리곤 했습니다. 그러다 당신 말대로 해서 손해볼 거 없지 않나 하는 마음에 한번 해보자고 마음을 먹었어요.

곧바로 휴대폰에 타이머를 설정해 두고 목걸이를 만들기 시작했습니다. 그런데 15분씩 작업해서 세 번만에 목걸이 하나가 완성됐고, 그 주에만 세 개를 더 만들었습니다. 예상 밖의 성과였지요. 15분간 작업에 몰두해 보니, 하루에 15분씩 투자해서 장기적으로 얼마나 대단한 일을 해낼 수 있을지 깨닫게 되었습니다. 그래서 다음엔 그림을 그려보겠다고 마음을 먹었습니다. 때로는 15분을 넘겨서 하고 싶은 경우도 생겼지요. 하지만 나에게 주어진 시간이 단지 15분에 불과하다고 해도 결국에 프로젝트를 끝내는 데는 별 지장이 없었을 겁니다.

오늘 당신에게 보여드리려는 건 제가 2011년 2월 작업에 들어가서 8월에야 결국 완성해낸 작품입니다. 이 그림은 저에게는 참 의미있는 작품이고, 하루 15분 투자해서 작업하기를 시작한 이래로 제가 걸어온 여정을 보여주고 있습니다.

배경은 타일을 이용한 콜라주로 작업했습니다. 각 타일에는 제가 잡지에서 찾은 다양한 문신이 들어 있습니다(15분 작업 시간 동안 저는 잡지를 훑어보면서 필요한 이미지들을 오려내었습니다). 캔버스를 채울 이미지를 모으는 데 그리 오랜 시간이 걸리지 않았습니다(캔버스를 4등분해서 볼 때, 이미지를 오려 붙여서 각 부분을 채우는 데 각각 15분씩 걸

렸습니다). 일단 캔버스를 다 채우고 나서 여자를 그 위에 그려 넣기 시작했습니다(15분의 작업시간 동안, 내가 선호하는 피부색을 어떻게 만들지, 그림자 처리는 어떻게 할지 등을 주로 연구했습니다).

정말 솔직하게 말할게요. 15분 작업시간 동안 때로는 그저 캔버스를 쳐다보며 다음에는 어쩌나 고민만 하던 때도 있었습니다. 하지만 그렇게 고민한 결과로 거미줄이나 금속품, 수정 등을 표현할 수 있었고, 그런 모든 것이 합쳐져서 이 그림이 완성될 수 있었습니다.

이 그림의 제목은 스턴트우먼입니다. 당신이 일전에 저를 그렇게 불렀잖아요. 저는 이제야 제 생활과 일에 안정을 찾았습니다. 하루 한 번 소중한 15분을 투자해서 말이에요.

• 레슬리의 그림은 www.theorganizedartistcompany.com/?p=1041에서 볼 수 있다.

그나저나 내가 레슬리에게 스턴트우먼을 언급했던 건, 그녀가 나에게 바쁜 스케줄에 꽁꽁 묶인 기분이라고 말했었기 때문이다. 나는 그녀에게 바쁘다고 해서 일에 치이지 않도록 하라고 말해 주었다.

"외과의사가 수술을 하는 동안 바쁘게 움직이는 것처럼 일을 해봐요. 곡예사가 공중그네를 넘나들 때나, 스턴트우먼이 액션을 취할 때처럼 각각의 일은 집중력을 발휘해서 확실하게 처리하고 일과 일 사이는 유연하게 움직여야 해요."

아이디어를 잡는 채를 준비하라

당신이 천재이고 매일 좋은 생각이 넘쳐난다고 하자. 그렇
지만 당신은 그 아이디어들을 적어 놓고 있지 않을 확률이 높
다. 그런데 아이디어를 기록하지 않을 때, 그 아이디어의 수
명이란 정말 짧다.

그러니까 당신에게 맞고 항상 사용할 수 있는 방법을 찾아
보도록 하자. 나는 색인카드에 아이디어를 정리한다. 싸고 가
볍고 들고 다니기도 편하다. 하지만 그 밖에도 다양한 방법이
있을 수 있다.

- 소형 노트북 들고 다니기
- 휴대폰에 있는 녹음앱 사용하기
- 공책이나 다이어리에 사용영역 지정해 놓기
- 나에게 전화해서 음성녹음으로 남기기
- 포스트에 적어 눈에 띄는 곳에 붙여 놓기
- 카드지갑 등을 활용해서 아이디어 적은 메모지 모으기

당신이 기록을 남기는 유형의 사람이 아니라면 손목이나
이마 등을 가볍게 두드리면서 아이디어를 소리 내어 반복해
도 좋다. 노래에 넣어서 흥얼거릴 수도 있을 것이다. 이런 식
으로 암기할 때 특이 행동이나 비법을 쓰는 것이 잘 먹히는
사람들이 있다.

이렇게 아이디어가 모이면 그것들을 모아 놓을 곳이 필요하다(정리하는 데 도움이 될 금과옥조와 같은 팁을 주자면, 각 사물마다 적당한 크기의 집이 있다는 것이다). 아직 정리가 안된 아이디어들이나, 바로 추진하지 않을 아이디어들은 한데 모아서 담아두고 알아볼 수 있게 표제어를 적어 놓는 것이 좋다. 매일 일과가 끝나면 당신의 아이디어를 모아서 그 곳에 담아두자. 아이디어들이 그곳에 자리잡고 숙성되어서 언젠간 아주 근사한 결과물을 내놓을 것이다.

나도 색인카드 덕분에 이 책을 낼 수 있었다. 내가 처음 이 책에 대한 아이디어를 떠올렸을 때(물론 멋진 생각에 고무되었지만) 어떤 형식으로 써야 할지 몰라 바로 막막해졌다. 워크북으로 해볼까? 명상집이 좋을까? 실천과제로 꽉 짜여진 6주짜리 계획표로 만들까?

머릿속에 모든 것이 완벽하게 짜여져야 실행에 들어갈 수 있다는 생각에 갇혀 버린 것이다. 그래서 나는 책을 구성해 나가면서 그 책이 어떤 형식을 갖춰가는지 보자고 결정했다. 나는 노란 서류봉투를 준비해서 그 위에 '진짜 멋진 내 책'이라고 적어놓고, 몇 주에 걸쳐서 책에 넣을 만한 아이디어가 떠오르면 그때마다 색인 카드에 적어서 그 봉투 안에 넣었다. 이렇게 6주 정도 보낸 후에, 봉투 안에 있는 것들을 식탁 위에 전부

쏟아 놓고 분류하기 시작했다. 이런 저런 묶음을 시도해 본 후 결국 내가 만족할 만한 구성을 이끌어낼 수 있었다.

　이 방법은 내가 본격적으로 집필을 시작했을 때 그 진가가 드러났다. 글이 막힐 때나 어디부터 손을 대야 할지 갈피가 잡히지 않을 때, 나는 무조건 서류 봉투 속에 손을 넣어 잡히는 대로 색인카드 한 장을 빼내서 보곤 했다. 그러고는 우연 또는 운명이 이끄는 대로 기꺼이 순응했다.

기적을 만들어 내는 습관 3 :

하루에 15분 공상을 위한 시간 내기

(위대한 사상은 목욕탕에서 만들어지기도 했다)

　언젠가 먼 미래에는 현재 우리가 뇌를 좌뇌-우뇌로 이분해서 이해하는 것에 대해 말도 안된다고 웃어넘기는 일이 생길 수도 있다. 아마도 우리를 가리키며 원시적이라고 비웃고 우리가 얼마나 무지한지 놀라워 할 수도 있다. 마치 우리가 중세 시대의 열악한 의술 수준에 당혹스러워 하는 것처럼 말이다.

　하지만 아직까지는 뇌를 이해하는 데 있어 좌뇌-우뇌로 나눠서 접근하는 것이 최선이다. 아직 이에 대해 들어보지 못한 사람을 위해 조금 소개해 보자면, 우리의 뇌는 영역별로 다른 기능을 담당하고 있다. 좌뇌는 논리, 언어, 분석, 추론을 담당하고, 우뇌는 직관, 시각적인 설계, 사물을 전체적으로 파악하고 큰 그림을 그리는 영역을 담당한다.

　물론 좌뇌만 가지고 있거나 또는 우뇌만 가지고 있는 사람은 아무도 없다. 하지만 성향이 어느 한쪽에 치우칠 수는 있다. 당신의 성향을 알게 되면 당신이 엄마에게 수다쟁이라고 한소리 들을 정도로 말이 많은 것, 또한 당신이 무언가에 빠지면 시간 가는 줄 모르고 몰두하는 것이 당신에게 무슨 문제가 있어서가 아니라 단지 당신의 두뇌가 그렇게 생겨서일 뿐이라는 점을 깨닫고 조금 안심할 수 있게 된다.

몸을 깨우면

마음도 깨어나게 된다.

많은 예술가들이 우뇌형 인간이다. 하지만 아무리 대단한 예술가일지라도 좌뇌의 방해 때문에 예술적으로 공황상태에 이르게 될 수 있다. 작가든 음악가든 누구라도 한두 차례의 좌절은 경험한다.

그러니까 당신이 창작 의지를 불태우는 와중에도 당신의 좌뇌는 "언제 적에 하던 걸 또 들고 나온 거야? 이미 할 만큼 해보지 않았나? 일전에 비평가에게 들은 말을 기억해봐. 어디다 적어 놓고 시시때때로 되새겨야 하는 거 아니야? 이게 돈이 되겠어? 아직도 안 때려친 거야?" 등 떠들어댈 것이다. 거기다 어찌나 논리적이기까지 한지. 그 말이 맞을 수도 있다. 이제는 바보 놀음 따위 집어 치울 때가 온 것일 수 있다.

바보 놀음을 그만두어야 하는 때가 온 것일 수도 있고 아닐 수도 있다. 하지만 문제의 요지는 지금 이 순간 당신이 하고 있는 일이 제동이 걸린 상태라는 것이다. 해법을 찾자면, 당신의 우뇌가 충동적이고 명료하지 못하고 직관적인 것과 관련한 활동을 하는 동안, 논리적이고 순차적인 당신의 좌뇌가 집중할 수 있는 흥밋거리를 던져주어야 한다는 것이다.

손을 바쁘게 묶어 두어야 정신이 맘껏 노닐 수 있게 된다. 일부러 시간을 내서 공상을 하게 되면 창의력과 집중력이 증진되고 스트레스는 감소하는 효과가 있다. 공상할 시간을 내는 것은 당신의 두뇌가 조용히 휴양을 취할 수 있는 시간을 주는 것이다. 그 시간에 당신의 두뇌는 일상의 소란에서 벗어나 다양한 생각과 꿈을 헤매며 찾고 있던 답을 얻게 될 수도 있다.

매일 하루에 15분씩 할 수 있는 단순 반복 행위를 찾아 해보도록 하자. 몸매를 가꾸기 위해서가 아니라, 체중을 줄이거나 혈압을 낮추기 위해서가 아니라, 당신의 창의성과 날카로운 직관을 키우기 위해서 말이다. 걷기나 뛰기, 미용 체조나 무용 또는 줄넘기 같이 당신이 무리 없이 할 만한 것을 찾아보자. 그리고 매일 시간 내서 해보도록 하자. 근력이 달리고 행동이 불편하다면 뜨개질을 해도 좋고, 카드를 구멍에 던져 넣는 일도 좋다. 채소를 다듬을 수도 있고, 빨래를 개거나 서류 정리를 할 수도 있고, 그저 드라이브에 나서도 좋겠다.

뭐든 반복적인 작업은 논리 담당인 좌뇌를 바쁘게 하는 한편 창의력 담당인 우뇌가 맘껏 활동할 여지를 주는 경향이 있다. 이런 이유로 목욕하다가 또는 개를 데리고 산책을 나갔다가 예기치 않은 대단한 아이디어를 얻는 경우가 생기는 것이다. 그러니까 이것을 습관으로 만들어 보자.

매일 하는 반복 행위를 만들어 놓게 되면 할 때마다 할지 말지 고민할 필요 없이 자동적으로 하게 된다.

"오늘 산책을 나가야 하나? 어제 나갔다 왔잖아. 내일 안 나가게 될 수도 있고. 비가 올 것도 같고. 조금 피곤한데."

나갈 때마다 속으로 이런 고민을 되풀이 하는 건 에너지 낭비라고 할 수 있다.

스스로 매일 반복하겠다고 다짐하고 그리고 실제로 그대로 따르자. 핑계는 그만두자. 잘 하려고 할 필요도 없다. 대충 해도 좋다. 다시 한번 말하는데 이건 건강을 위한 운동이 아니다. 창의력 증진만이 목적이다(물론 매일 반복해서 하다 보면 기대 밖의 수확이 생길 수도 있다).

다음을 참고하도록 하자.

- 산책을 나가라. 어슬렁거리는 것도 좋다. 인간은 걷도록 만들어져 있다. 그리고 나는 우리가 걷고 있을 때 몸이 움직이는 양상이 뇌의 활동을 자극한다고 믿는다.

- 산책을 하면서 숫자를 세어 보자. 산책을 해봤는데 아무런 소득이 없다고 한다면 숫자를 세어 보도록 하자. 자신의 발걸음이나 호흡 수를 세보거나, 또는 가로등과 같이

뭐든 반복되는 것을 찾아서 수를 세어 보는 것이다. 숫자를 세는 행위가 당신의 좌뇌를 바쁘게 할 것이고, 우뇌는 새로운 아이디어를 떠올릴 여유를 얻게 된다. 숫자 세기는 줄넘기나 수영이나 윗몸 일으키기 등을 할 때도 효과가 좋다.

• 목욕을 하자. 좌뇌가 비누칠과 헹구기 등으로 바쁠 때 우뇌는 그 온기를 느끼고 맑게 떨어지는 물소리를 들으며 느긋하게 영감을 떠올릴 수 있다.

• 과자를 굽고, 국을 끓이고, 일정한 크기로 칼질을 해서 샐러드를 만들어 보자. 요리를 좋아하는 사람이라면 음식을 조리할 때 오는 고요함과 편안함을 만끽할 수 있을 것이다. 당신의 손과 좌뇌가 바삐 움직이는 와중에도 우뇌는 보다 생산적이고 큰 그림이 필요한 일을 생각할 수 있다.

• 동전 던지기를 하거나 구슬치기를 해도 좋다. 철사로 하수구 청소용으로 쓸 도구를 만들어 보거나 점토 놀이를 해보는 것도 좋다.

• 드라이브를 나가라. 운전하는 걸 즐거한다면 기름을 가득 채워서 무작정 나서 보자. 음악은 틀지 말고 운전에만

송어 낚시는 일종의 예술 행위이다. 그 이유?
도구가 좋으면 도움이 될지언정 결과를 보장해주지는 않기 때문이다.
그리고 당신이 어제 제대로 하나를 건졌다고 해서
오늘도 건지게 될 거라는 보장이 없기 때문이다.
미래는 전혀 보장되지 않는다.
가끔은 아마추어가 프로 못지않은 솜씨를 보일 수도 있고
아이가 오히려 더 나은 솜씨를 보이는 경우도 있다.
그리고 궁극적으로 낚시를 나가서 낚으려는 것이 꼭 물고기가 아니라는 점에서 그렇다.
보상은 낚시를 던져 놓고 온갖 날씨의 변화를 감수하면서 물가에 버티고
서서 기다리는 그 과정 속에서 얻게 될 것이다.

집중하자. 길을 잃을 걱정은 하지 않아도 좋다. 오히려 길
을 찾게 될 수도 있다.

• 낚시를 가보자.

• 연습 삼아 다른 영역을 시도해 보자. 당신은 다른 분야의
예술에도 재능이 있을 것이다. 뜨개질을 잠시 내려놓고
목공예를 해보거나, 붓을 씻어두고 류트를 배워 볼 수 있
는 기회를 갖자. 그렇게 당신에게 창조력을 발휘할 수 있
는 휴식을 선사해 보자.

• 정해진 대로 칠하는 색칠 놀이를 해보자. 번호가 매겨져
있어서 번호대로 색을 칠하기만 하면 되는 것 말이다. 신

경안정제를 먹는 것보다 효과적이고 술을 마시는 것보다 힘이 덜 드는 방법이다. 이런 방식의 색칠놀이는 명상을 하는 것과 같은 효과를 가져오는데, 그 효과를 따라올 만한 것이 드물 정도이다. 한번 시도해 보자. 하고 있는 것을 누군가 보게 되면, 소비중심사회에서 과다하게 상업화된 색의 활용과 천편일률적으로 획일화된 형태들에 대한 진지한 풍자 작업 중이라고 둘러대도 좋을 것이다.

• 자리에서 일어나 한 바퀴 돌아보자. 어디에 있든 간에 일어서서 방향을 바꾸어 서 보자. 그저 관점을 바꾸는 것만으로(여기서는 정말 말 그대로 시선이 닿는 방향을 돌려본 것인데) 놀랄 만한 생각이나 획기적인 돌파구가 열릴 수 있다.

여기 소개한 모든 실천과제들은 하나같이 줄거리가 없는 것들이라는 점에 유의하자. 이야기는 물론 언어 자체가 불필요한 것들이다. 이 말은 텔레비전이나 비디오게임, 독서, 영화감상, 인터넷 등은 모두 피하라는 것이다.

15분 동안 온전히 공상할 수 있는 여건을 만들어 보자.

모든 밭에는
휴지기가 필요하다

수렁에 빠졌다고 느낀다면 하던 일에서 손을 놓아 버려라. 창작이 막히는 경험은 비참하다. 때로는 너무 힘들고 창의력이 고갈되는 때가 있는데, 어떤 예술가들은 그럴수록 더욱 힘을 내야 한다고 생각하기도 한다. 빈 종이를 하염없이 노려보며 말도 안되는 소리라도 일단 내뱉어 보면서 말이다. 내가 말해두겠는데, 절대 아무 효과도 없을 것이다.

열심히 일해야 할 때가 있다. 하지만 때로는 잠깐 쉬어 가는 것이 보다 생산적이다. 당신에게 재충전의 기회를 제공해서 새롭고 더 나은 일을 할 수 있도록 해줄 것이다. 마냥 빈둥거리라고 말하는 것이 아니다. 다만 창의력이 돌아올 때를 기다릴 줄 알아야 한다는 것이다.

이런 얘기들이 당신에게는 아무 소용이 없을 수도 있다. 바짝 말라버리는 저주에 걸려서 입술에도 물기 하나 남지 않은 상태일 수 있다. 참 유감스러운 일이다. 나도 그 기분을 잘 안다. 한없이 가라앉고 텅빈 것 같고 견디기 힘들 만큼 고통스러운 그런 기분 말이다. 아무도 그런 기분 따위 경험하지 않으면 좋겠다. 그래도 결국에는 그 모든 것에 끝이 있다는 걸 나는 안다. 그리고 당신은 그 모든 걸 견디고 살아남을 것이다. '결국에는'까지 가기에 어느 만큼의 시간이 걸려야 할지 말해줄 수 없는 것이 유감이지만, 그래도 당신이 기어코 원기를 회복할 것이라는 건 분명하다.

당신은 예술가이다. 그리고 예술가들은 때로는 아무런 영감도 떠오르지 않는 기나긴 시간을 견뎌내기도 한다. 이런 상태를 '어시디아'라고 부르는데, 이것은 '정신적인 공황, 무심함, 권태'를 의미하기도 하며, '사회의 규범이나 가치가 무너지거나 목표나 이상을 잃어버려서 심리적으로 불안정한 아노미 상태'를 의미하기도 한다.

이것은 당신이 영영 능력을 상실했음을 의미하는 것이 아니다. 단지 한시적으로 당신이 창작하는 기쁨을 느끼지 못하는 것을 의미할 뿐이다. 하지만 이런 일시적인 답보 상태가 예술가로서 성장해가는 단계의 하나라는 것을 당신이 받아들이고, 당신의 예술적 자아는 결코 누구에게도 빼앗길 수 없는 것이라는 확신을 잃지 않는다면 당신은 이겨낼 수 있을 것이다.

이때야말로 평소에 하고자 했지만 미뤄두었던 다른 일을 해볼 기회일지도 모른다. 자원봉사거리를 더 찾아봐라. 친구와 같이 점심도 먹고, 관심 가는 분야 쪽으로 아르바이트도 해봐라. 아이들과 더 많은 시간을 보낼 수도 있다. 쌓아두기만 했던 책들도 이 기회에 읽어보자. 여행 계획을 세워 보는 건 어떨까? 텔레비전을 꺼두고 소파에 앉아 시간을 보내도 좋겠다.

무슨 일이 있더라도 스스로를 포기하지는 마라.

결국에는 미미하게라도 신호가 올 것이다. 아이디어를 속삭이는 작은 소리가 들리게 될 것이다. 어느새 "이렇게 한 번 해본다면⋯⋯"이라고 생각하는 자신을 보게 될 것이고, 당신은 다시 활기차고 창의력이 샘솟는 자신을 되찾아서 작품 활동에 매진하게 될 것이다.

진행 상황 점검

행복을 증진시키기 위해 할 수 있는 가장 중요한 일 중 하나는 당신의 성장을 확인하는 것이다.

딜리버링 해피니스의 저자이자 Zappos.com의 CEO인 토니 셰이는 "행복은 다음 4가지에 달려 있다. 당신이 느끼는 통제, 당신이 느끼는 성장, 유대감(당신이 사람들과 맺은 관계의 수와 깊이), 비전/의미(자신보다 큰 무언가에 소속되는 것)"라고 말한다.

하지만 우리 자신의 성장을 스스로 파악하는 것은 참으로 어렵다. 우리는 수렵채집인의 습성을 가지고 있어서 항상 다음을 걱정하는 존재이다. 당신은 아침을 다 먹기도 전에 점심에 뭘 먹을까 고민할 것이다. 당신이 뭔가를 이루었다고 깨닫는 순간, 당신은 이미 어떤 잘못이 있었는지 돌이켜 보고 다음에 더 잘하려면 어떻게 해야 할지를 고민하기 시작한다.

조금만 신경 써두면 오래오래 도움이 되는 일이 있다. 당신이 성장하는 과정을 계속 파악하고 있으면, 당신에게 효과적인 것이 무엇인지, 계속해서 문제가 되는 것은 무엇인지, 또 얼만큼 진행되면 손을 떼어야 하는지 등을 배울 수 있게 된다.

* * * * *

EXERCISE 5 : 프로젝트 주간 점검

아래와 같이 프로젝트 주간 점검표를 만들었다. 이것은 나
의 성장과 일의 진척 상황을 파악하고 치하할 수 있도록 하기
위한 것이다. 당신도 당신만의 점검표를 만들어라. 간단히 종
이를 4칸으로 나누고 그 안에 각각의 제목을 정해본다. 그리
고 각 제목에 맞게 항목들을 작성하면 된다.

프로젝트 주간 점검표
① 지난 주에 한 일 중 가장 자랑스럽게 생각하는 5가지

1.＿＿＿＿＿＿＿＿＿＿＿＿＿＿＿＿＿＿＿＿＿

2.＿＿＿＿＿＿＿＿＿＿＿＿＿＿＿＿＿＿＿＿＿

3.＿＿＿＿＿＿＿＿＿＿＿＿＿＿＿＿＿＿＿＿＿

4.＿＿＿＿＿＿＿＿＿＿＿＿＿＿＿＿＿＿＿＿＿

5.＿＿＿＿＿＿＿＿＿＿＿＿＿＿＿＿＿＿＿＿＿

② 전에는 몰랐던 것을 새로 알게 된 것이 있다면?

1.＿＿＿＿＿＿＿＿＿＿＿＿＿＿＿＿＿＿＿＿＿

2.＿＿＿＿＿＿＿＿＿＿＿＿＿＿＿＿＿＿＿＿＿

3.＿＿＿＿＿＿＿＿＿＿＿＿＿＿＿＿＿＿＿＿＿

4.＿＿＿＿＿＿＿＿＿＿＿＿＿＿＿＿＿＿＿＿＿

5._____

③ 비판적이고 이성적인 판단을 하자면

1._____
2._____

③-1. 하지만 내면의 지혜를 따르자면

1._____
2._____
3._____

④ 이번 주에 할 수 있는 일 3가지

1._____
2._____
3._____

질문 ① 지난 주에 한 일 중 가장 자랑스럽게 생각하는 5가지

질문 ① 칸에는 당신 삶에서 어느 영역이든 성공적인 쪽으로 목록을 작성해 보자. 당신의 프로젝트와 관련시켜 쓸 수도 있을 것이다. 사실 그게 우리가 이 책에서 하고자 하는 일이기는 하다. 하지만 당신의 인생은 다채롭게 구성되어 있으니 다양한 가능성이 열려 있다. 만약에 작곡을 하고 있다면 당신이 작성한 목록은 다음과 비슷할 것이다.

1. 멜로디와 가사를 썼다.
2. 리듬이 필요한 부분을 보강했다
3. 배경음을 넣어 두었다.
4. 배경음악의 악기구성을 완료했다.
5. 구성이 조화로운지, 실수는 없는지 점검했다.

또 다음 주에는 먼 곳에서 가족이 찾아올 수도 있다. 그렇다면 목록은 다음과 비슷할 것이다.

1. 가족을 현대미술관에 데리고 갔다(내가 사는 곳에서 관광객처럼 다녀보는 것도 재미있었다!).
2. 가족과 오붓하게 저녁을 먹었다.
3. 식구들이 제대로 된 직업을 찾아볼 때가 되지 않았냐고 잔소리를 시작했을 때도 화내지 않았다.
4. 가족에게 조부모님에 대해 궁금한 것을 물어 보았다. 정말 흥미로웠다.
5. 우리 가족의 역사에서 영감을 받은 시 한 편을 지었다.

다른 주에는 그다지 기분이 좋지 않거나, 개인적인 문제로 끙끙 앓거나, 실연의 상처를 극복하고 있는 중일 수 있다. 그때의 목록은 다음과 같을 것이다.

1. 푹 쉬었다.
2. 독서 모임에 나가기로 한 것을 취소했다.
3. 가사 도우미를 불러서 청소를 했다.

4. 긴 산책을 했다.
5. 휴가를 얻어서 하루 종일 전화도 받지 않았다.

여기서 하려는 것은 시간을 내어 당신의 삶에서 제대로 되고 있는 일이 무엇인지 파악하는 것이다. 그것이 무엇이 됐든 당신이 '제대로'라고 생각하는 것이면 된다.

비판 99개에 단 한 개의 칭찬

당신도 알 것이다. 당신이 하는 일을 모두가 좋아하고 좋은 말로 칭찬을 해주어도 누구 하나가 사소하게라도 비평적인 말을 한다면, 당신에게는 오직 부정적인 말만이 들리지 않는가?

그럴 것이다. 나도 그렇다.

그런 현상이 나타나는 것은 자신감이 부족해서 생기는 결과가 아니다. 그저 인간이 가진 자연스럽고 본능적인 모습일 뿐이다. '부정 편향'이라고 불리는 현상인데, 우리는 좋은 것보다 나쁜 것을 기억하는 방향으로 프로그래밍되어 있다고 한다. 이는 생존을 위한 기제인데, 맛있는 산딸기 아흔아홉 종류를 알고 있는 것보다 먹으면 배탈이 나는 산딸기 한 종류를 기억해 놓는 것이 우리 뇌에는 더 중요한 일이었기 때문이다. 부족 생활을 하는 데 있어서도 용인된 행위의 세세한 절차를 챙기는 것보다는 위험하고 금지된 행위를 기억하고 있는 것이 훨씬 더 중요한 일이다. 그러니 우리의 관심을 맛있는 산딸기 아흔아홉 종류로 돌리려면 우리는 본성과 싸워 이

거야 하는 것이다.

지난 주에 한 자랑스러운 일 5가지를 떠올릴 때, "하나도 없어! 지난 주에는 자랑스러울 만한 일이라고는 전혀 하지 않았어. 지난 주에 한 일이 하나도 기억이 나지 않아"라고 생각하게 되더라도 전혀 놀랄 필요 없다. 그게 정상이다. 깊이 숨을 들이마신 후 달력을 펼쳐 봐라. 그리고 작은 것부터 시작해 보자. 당신이 순수하게 자랑스럽다거나 해냈다라고 느꼈던 일이 있으면 적어 보도록 하자. 유념할 것은 아무에게도 보여 줄 필요 없으니 기준은 자기 멋대로 정해도 좋다는 점이다.

주마다 당신이 거둔 성과들을 추적해서 정리하는 것이 당신에게 동기부여나 자신감과 생산성 증진의 측면에서 어떤 영향을 끼치는지 직접 확인해 보자. 일 년이면 이런 점검표가 52장이 생긴다고 상상해 보자. 참 뿌듯하지 않은가?

질문 ② 전에는 몰랐던 것을 새로 알게 된 것이 있다면?

나는 질문 ② 칸을 프로젝트 관련한 조사 내용을 정리하는 용도로 사용했다. 그래서 'XYZ가 예상보다 많은 비용이 든다는 것을 배웠다'거나 '2009년에는 문과 학생들이 전공에 상관없이 문과가 아닌 학생들보다 SAT 점수가 91점이나 더 높다는 연구 결과를 알게 되었다' 같은 내용을 작성했었다.

그런데 프로젝트 주간 점검표를 다른 상담자들이나 수강생들과도 공유해 보니, 그 사람들은 자신 스스로에 대해 새롭게 알게 된 것을 기록하는 경향을 보였다.

클레어는 아주 부끄럼이 많고 소곤소곤 이야기하는 학생이었다. 그런데 그렇게나 고풍스럽고 귀족적인 품행과는 동떨어지게도 그녀는 코미디 작가가 되고 싶어했다. 그래서 우리는 그녀를 위해서 프로젝트를 하나 가동시켰는데, 그 일환으로 세컨드 시티^{역자 주:시카고에서 시작한 코미디 운동의 일환으로 극본 없이 즉흥적으로 공연하는 특징이 있다. 시카고뿐 아니라 북미의 여러 도시에서 활발하게 진행 중이며, 많은 코미디 배우나 감독, 작가 등이 배출되었다.}에서 하는 수업을 몇 개 참여하도록 했다. 즉흥적으로 진행하는 수업을 들어본 적이 있다면, 그런 수업이 얼마나 활기 넘치고 시끌벅적한지 알 것이다. 나는 클레어가 견뎌내지 못할 수도 있다고 생각했다.

수업을 시작한 첫 주에 그녀는 그 특유의 나긋나긋하고 가느다란 목소리로 다음과 같이 보고했다.

"제가 즉흥 공연을 좋아한다는 걸 이번 기회에 알았어요. 코미디를 정말 좋아한다는 것도 확인했어요. 그리고 저라는 사람은 아무리 긴장되더라도 겁을 내고 결정할 일을 회피하거나 하는 그런 사람이 아니라는 것을 알게 되었어요."

대성공이었다!

겁이 난다고 해서 그것이 결정을 내리는 데 영향을 주게 해서는 안된다.

질문 ③ 비판적, 이성적 목소리 대 내면의 지혜

머릿속에서 논리 정연하게 당신의 기를 죽이는 소리를 들어 본 적이 있는가? '누구라도 처녀작부터 잘 풀리지는 않아'라 거나 '멀쩡하다 싶으면 짝이 있거나, 이미 결혼을 했거나, 그 것도 아니면 게이야'라거나, '이런 경제 상황에?'라고 속삭이 는 소리 말이다. 당신이 아는 사람이 실제로 그런 소리를 할 때도 있을 것이고, 아니면 그저 당신 머릿속에서 들려오기도 할 것이다. 어떤 경우이든, 귀기울여 들어보고 점검표 질문 ③ 칸에 그대로 적어 놓자.

이제 숨을 가다듬고 당신의 삶을 둘러 보자. 기죽이는 소리 에 반박할 만한 증거가 없을까? 여기서 내가 찾는 것은 무작 정 그렇다고 하는 대답도 아니고 근거 없는 낙관도 아니다. 내 가 여기서 요구하는 바는 현실적이고 정직하게 사실대로 대 답하는 것이다.

당신은 이렇게 생각할 수 있다. "뭐, 처녀작들은 잘 안 팔릴 가능성이 높지. 하지만 나는 초심자의 행운이 잘 따른단 말이 야", 또는 "그래, 어떤 사람들은 짝을 찾는 게 어렵다고 하더 라고. 그런데 난 누구를 만나고 싶다고 맘만 먹으면 바로 연 애를 하게 되던대"라고 생각할 수도 있으며, "불황이라 고생 하는 사람들도 있지. 그렇지만 잘되는 사람들도 많아. 나도 잘 풀릴 수 있어"라고 생각할 수도 있다. 그런 생각들을 다 적 어 두도록 하자.

그렇게 당신 속에 담아두었던 생각들을 꺼내보니 어떤가?

아마도 그런 응원의 목소리들은 한 주 내내 곁에 두고 싶을 것이다.

질문 ④ 이번 주에 할 수 있는 일 3가지

세 가지. 세 가지만 쓰자.

물론 쓰자고 들면 몇 미터는 될 정도로 종이가 길어질 수도 있을 것이다. 하지만 세 가지 정도만 생각해 보자. 당신에게 진정한 성취감을 맛볼 수 있게 해주고, 당신에게나 다른 사람들에게 변화를 가져올 수 있을 만한 것으로, 다음 주 점검표에서 '지난 주에 한 일 중 가장 자랑스럽게 생각하는 5가지'를 쓰는 칸에 적어 넣고 싶을 만한 일을 생각해보자. 그리고 그것들을 여기 질문 ④ 칸에 적어 넣도록 하자.

실현가능성을 잘 따져봐야 한다. 물론 도전할 만한 일이어야겠지만너무 어렵고 복잡해서 도저히 해낼 수 없는 일을 넣지는 말자.

다시 말하지만, 이 점검표는 당신만을 위한 것이다. 다른 사람이라면 신경쓰지 않을 만한 것이 들어 갈 수도 있다. 그것도 좋다. 매일 수면시간으로 8시간은 확보하겠다라고 할 수도 있고, 친구에게 출판사를 하나 소개받고는 그에 대한 정보를 조사해보고 싶을 수도 있다.

당신에게 영감을 주고, 당신을 정신 차리게 만들고, 웃게 만들고, 기대감에 안절부절 못하게 만들 수 있는 목표로 세 가지를 찾아 보자.

엄격하고 비판적이고 이성적인 목소리가 이끄는 목표는 피하는 것이 좋다. 시작도 하기 전에 벌써 피곤하고 김이 빠지게 된다거나 억지로 끌려가는 느낌이 조금이라도 든다면 그건 '그림자 목표'일 가능성이 높다. 그럴 경우 잠시 시간을 가지고 다시 내면의 지혜와 대화를 나눠본 후에 좀 더 끌리는 목표를 찾아보도록 하자.

물론 당신은 이 점검표를 당신에게 잘 맞게 바꾸고 싶을 것이다. 배치도 다시 해보고, 이리저리 꾸며도 보고, 마음에 들지 않는 카테고리는 바꿔 버려라. 특별히 수치를 따져보고 싶은 항목을 넣고 싶을 수도 있다. 수입이며 지출관리 또는 열량 계산에 필요한 표를 집어넣거나 명상 중에 떠오른 이미지를 긁적일 수 있는 공간을 마련하고 싶을 수도 있다. 무엇이든 당신에게 맞는 것으로 만들어 보자.

84

ACTION STEP

15분 동안 할 만한 일들을 간단히 생각해 보고 목록을 만들어 놓자.

PART. 4

완벽주의
극복하기

Get it done

완벽하게 할 수 없다면, 시작할 필요가 있나요? - 마크

일을 시작하기는 하는데, 그저 집적이다가 끝을 내는 법이 없어요. - 로렌

그냥 너무 열 받아요. 머릿속에 생각한 그대로 완벽하게 실제로 재현할 수는 없다는 걸 제가 알거든요. - 존

완벽주의는 우리가 가진 모든 무기를 동원해서 맞서 싸워야 할 악마 같은 존재이다. 완벽주의는 교묘하게도 늑장부리는 것을 미덕인 양 둔갑시키기도 한다. 왜냐하면 높은 기준을 갖는 것은 좋은 것이니까. 그

렇지 않은가?

당신에게 최선을 요구하는 것도 좋은 것이다. 그렇지 않은가?

우리가 만들고 싶은 것은 아름답고, 독특하고, 평범하지 않고, 등등. 이러다 보면 당신은 당신의 기대치에 짓눌려버리게 되고 아무것도 만들어낼 수 없게 된다. 하지만 그건 당신 잘못이 아니다. 당신의 그 높은 기준이 문제인 것이다.

완벽주의는 대단한 일이지만 당신이 별 수고 없이 할 수 있는 것들에는 관심을 두지 못하게 만든다. 오직 어렵고, 얻기 힘들고, 실행하기에 불가능한 것에만 당신의 관심을 묶어 두어 쉽고 재미있는 일의 가치를 무시하게 된다. 위대한 화가가 되어야 한다는 환상을 좇으면서(실제로 그림을 그리고 있지도 않으면서) 풍자만화가로서 성공적인 경력은 무시하기도 하고, 완벽한 소설을 집필하겠다는 열망에 몸부림치다가 작사가로서의 재능을 썩히게 될 수도 있다.

이것이야말로 최악으로 속물적이다. 자신의 재능을 업신여기는 것은 자기의 자식을 업신여기는 것만큼이나 잔인한 일이다.

내 친구이면서 고객이기도 한 패티 프랜켈이 나에게 털어놓기를, 소설 세 편이 출간되지 않은 채 그녀의 책상 서랍 속에서 잠자고 있다는 것이다. 세 편이나! 심지어 다른 작가들에게도 좋은 평을 받았고 출판사 편집자에게 인정받았음에도, 그녀는 그저 따스하고 재밌고 낭만적인 소설을 쓰고 싶었을 뿐이며 자신의 작품들이 문학적인 가치가 없다는 이유로 그렇게 묵혀 두고 있다고 했다.

"난 머리가 아주 좋아요. 이렇게 좋은 머리로 공부를 열심히 해서 박사 학위도 따고 세상에 뭔가 이로운 일을 해야 하지 않겠어요? 이런 소설로 세상에 보탬이 되고 싶은 마음은 없으니까요. 나는 그저 쓰고 싶어서 쓰는 거예요. 사람들이 읽고 기분 좋을 만한 내용으로 말이에요."

그녀는 박사 과정을 묵묵히 밟아 나가는 것이 더 중요하다고 생각하고 있었다. 그런데 알고 보면 그 박사 과정을 그렇게 신경쓰고 있지도 않았다. 결국 첫 번째 상담을 마치고 나서 그녀는 박사 과정을 포기하는 파격적인 결정을 내렸다. 이미 다닌 두 학기와 반 정도 쓴 논문을 날려버리고, 대신 그녀의 마음이 가는 소설에 그녀의 열정과 영혼을 담아보기로 결심했던 것이다. 바로 얼마 전 그녀에게 연락이 왔는데, 소설 하나를 마무리해서 편집자와 작업 중이라고 했다.

일단 일을 시작하게 되면, 제일 먼저 포기해야 할 것은 자신이 어떤 사람인지 또는 자신의 일이 무엇에 관한 것인지에 대해 갖고 있는 고정관념이다.

당신은 또한 준비되기까지 기다리기만 하는 것을 그만둘 필요가 있다. 완벽하게 될 때까지 기다리는 것도 같이 그만두어야 한다. 무엇이 좋고 무엇이 나쁜지, 또 팔릴 만한 것이 어떤 것이고, 팔리지 않을 만한 것은 어떤 것인지에 대한 거창한 생각들도 버려야 한다.

지금 바로 극단적인 전위 예술가를 떠올려 봐라.
그 다음에 가장 심심하고 무난한 예술가를 떠올려 봐라.
양극단에 있는 그 두 예술가가 유명해질 수 있는 세상이라면
당신에게도 충분히 기회가 있을 것이다.

C 받는 것을
두려워하지 마라

여러 해 전에 나는 극심한 불안감에 시달리고 있었다. 불안 감이 발현되는 양상의 하나로, 누군가에게 지속적으로 평가 당하고 있다고 느꼈다. 내가 요리하는 매 끼니마다, 주차할 때 마다, 오디션을 받을 때마다, 매번 무엇을 할 때마다 나는 누 군가 내 움직임 하나하나를 주시하고 있으며 얼마나 잘 하는 지, 얼마나 자주 하는지, 얼마나 못하는지 등을 커다란 노트 에 꼼꼼하게 기록하고 있을 것만 같은 느낌에 시달렸다. 정말 피곤한 일이었다. 그래서 어느 순간 결심했다. 만약 내가 평가 받는다는 생각에서 헤어날 수 없다면 그냥 'C를 받을 만큼만 하자'라고 말이다. C라는 점수는 출석만 잘 하고 숙제만 잘 내 면 받을 수 있는 점수이다. 다른 사람보다 더 잘하는 것 없이 도, 또 가산점이 주어지는 과제는 무시하고도 그저 꼬박꼬박 출석하고 해야할 것만 하면 받을 수 있는 점수이다.

이렇게 생각하니 마음이 정말 편해졌다. 매일 전화 통화를 나누는 여동생에게도 말해주었는데, 여동생도 정말 기가 막 힌 전략이라면서 잘해보라고 했다. 그리고 본격적인 대화를 나누기 시작했는데, 그날의 화제는 아버지가 새 아파트로 이 사를 들어간 일과 아버지에게 이사 선물로 무엇을 준비하느

냐 하는 것이었다. 선물은 내가 맡아서 준비하는 것으로 결정되었다.

하루 이틀이 지난 후 다시 여동생과 전화 통화를 했고, 동생은 아버지에게 선물을 보냈는지 물어봤다.

"그게, 아직이야. 뭔가 근사한 걸 해드리고 싶은데, 우리 예산을 고려해야 하잖아. 그래서 부엌용품쪽으로 생각해봤는데, 아버지가 이미 갖출 건 다 갖춰 놓고 있으니까. 침구나 수건을 사서 특별한 문양을 수놓아달라고 주문하는 것이 좋을 것 같기도 하고, 아니면……."

이렇게 내가 설명을 늘어놓고 있을 때, 동생이 내 말을 막았다.

"언니! C 받을 만큼만 하자. 화분이나 하나 보내."

정곡을 찌르는 일갈이었다. 십 분 후에 나는 50불이 안 되는 돈을 들여서 열대식물 화분 하나를 온라인으로 주문·배달시켰고, 다음날 우리 아버지는 동생과 나 모두에게 고맙다는 전화를 하셨다. 그리고 속 깊은 딸들이 있어서 아버지가 운이 좋다는 덕담도 해주셨다.

여기서 요점은, 아버지에게 완벽한 것을 해드리고 싶다는 내 욕심이 오히려 아버지에게 아무것도 할 수 없도록 만들었다는 것이다. 예산에 맞게 적당한 것을 고르면 된다고 한걸음 물러서자, 정말 하려고 하던 일을 제대로 할 수 있게 되었다. 그것은 우리가 아버지를 사랑하는 마음과 아버지가 새 집에서 잘지내시길 바라는 마음을 아버지에게 보여드리는 것이었다.

C가 받을 만한 점수인 이유가 두 가지 더 있다. 첫째, 당신이 C라고 생각하는 기준이 아마도 다른 사람에게는 A에 해당될 수도 있다. 둘째, 일단 작품을 내놓고 난 후에 당신이 보기에 완벽하게 다듬을 필요가 있다면, 그때 가서 좀 더 다듬으면 된다. 안 그런가? 일은 그렇게 하는 것이다.

워드프레스를 개발한 매트 뮬렌웨그가 들려 준 멋진 이야기를 소개하고 싶다. 뮬렌웨그가 쓴 그대로 여기에 실어 보겠다.

완벽하게 하려는 당신의 욕심이
당신의 발목을 잡는 경우는 어떤 식으로 이루어지나?

"첫 번째 버전을 출시했는데 창피하지 않다면, 너무 오래 기다린 것이다"

워드프레스 개발의 역사를 보면 암흑기가 한 해 있었다. 2.0 버전이 2005년 12월 31일에 출시되었는데, 2.1 버전이 2007년 1월 22일이 되어서야 나왔다. 당신은 아마도 우리가 오픈 소스 커뮤니티와 큰 갈등이 생겨서 재야 개발자들이 다 이탈했거나 워드프레스가 내리막을 탔거나 했을 거라고 생각할 수 있다. 하지만 그 반대로 2006년은 여러 면에서 워드프레스가 크게 성장한 해였다. 그 해에 다운로드 건수는 백오십 만에 이르렀고, 인기 많은 블로그도 여러 개 우리 프로그램을 사용하기 시작했다. 눈에 띄는 성장세로 새로운 개발자들도 많이 개발에 참여해주어서 새로운 기능을 선보이고 수정사항을 반영하는 주기가 전에 없이 빨라졌다.

　우리를 방해했던 것은 '하나 더'라는 욕심이었다. 우리는 그 해에 새 버전을 세 번은 출시할 수 있었다. 그저 선을 긋고, '완성'이라고 선언한 후에 출시해 버리면 끝나는 일이었다. 그런데 문제는 마지막 출시일에서 시간을 더 끌면 끌수록 기대도 커지고 압박도 심해져서, 자랑할 만한 기능을 넣을 욕심에 자꾸 '하나만 더' 하며 집어넣고, '한 군데만 더' 하며 다듬어 가는 일을 계속하게 됐다는 것이다.

　어떤 프로젝트의 경우에는 말그대로 이런 일이 영원히 이어진다.

완벽주의를 벗어난
완벽주의자의 고해

완벽주의는 사실 아주 좋은 것일 수도 있다. 만약에 정말 그럴 수만 있다면 말이다. 진지하게 말해 보자. 당신이 정말 열과 성을 다해 일하고 아주 세세한 부분까지도 챙기고 만전을 기해서 마침내 모든 것이 실제로도 완벽하게 나올 수만 있다면 정말 멋질 것이다. 하지만 그렇게 할 수 없다. 절대 그렇게 되지 않는다.

미리부터 완벽을 기할 수 있다면 그건 금상첨화일 것이다. 다시 말해 당신이 모든 잠재적인 문제까지도 미리 대비해 놓고 프로젝트가 완벽할 거라는 확신을 가지고 프로젝트에 돌입한다면 말이다. 하지만 절대 그렇게 되지는 않는다.

그렇다면 예전에 들었던 비판을 되새기는 것이 현재하는 일에 도움이 되지 않을까? 그런데 당신도 알다시피, 누군가 당신이 한 일에 엄청난 칭찬을 퍼부었을 때조차, 당신은 사소하지만 미진하게 생각되는 부분을 들먹이며(상대방에게 대놓고 떠들거나 그렇지 않으면 속으로라도) 결코 만족해 하지 못했다. 그렇게 미진한 것들을 읊어대는 것만으로 그것들이 제대로 고쳐진다면 프로젝트가 완벽하게 재정비 될 수도 있을 것이다. 하지만 그렇게 할 수 없다. 절대 그렇게 되지 않는다.

완벽주의가 먹힐 수 있는 유일한 방법은 당신이 먼 우주로부터 지구를 바라보고 있고, 태초로부터의 시간까지도 다 거슬러 볼 수 있다고 가정하는 것이다. 당신의 시야가 모든 시간과 공간을 초월해서 트여있다면 그때 가서야 당신의 작품이 완벽하다는 것을 당신도 볼 수 있을 것이다. 아기들이 자체로 완벽한 것처럼, 고단한 하루를 마치고 침대에 누우면서 완벽하다고 느끼는 것처럼, 새끼발가락이나 달걀이나 단풍잎 등이 각기 완벽한, 그 의미로 말이다.

완벽이라는 것을 '있는 그대로의 존재, 또는 있는 그대로의 상태'라고 정의하게 되면, 아무리 미미한 것일지라도 지구상에 있는 모든 것은 완벽하다. 이런 시각이야말로 삶을 바라보는 참으로 성숙하고 사랑이 넘치는 자세가 아닐 수 없다. 정말 장려할 만하다. 하지만 그런 관점은 어쩌다 잠깐 동안이 아니고서는 고수하기가 힘들다.

나는 여러 해 동안 완벽주의자라는 단어를 반대해왔다. 단순하고 깔끔떨어대는 사람으로 들렸기 때문이다. 그저 가볍고 외모에 집착하면서 전등갓을 만질 때는 흰장갑을 껴야 하고 크리스털 화병에 꽂힌 장미를 이리저리 손보느라 하염없이 시간 보내는 그런 류의 사람이 연상될 뿐이었다.

완벽주의라는 것은 남아도는 시간을 주체하지 못하는 사람들이 취미처럼 남용하는 것으로 보인다. 하지만 한편으론 나도 무심히 다음과 같이 행동하기도 했다.

- 무슨 일이든 곰곰히 생각하고 걱정하는데, 그게 끝이 없다.
- 누구든 나 아닌 다른 사람이 제대로 일을 할 거라고는 기대하지 않는다.
- 제대로 해낼 거 같지 않으면 아예 시작을 말아야지, 생각한다.
- 남들이 나에 대해서나 내가 한 일에 대해서 지속적으로 심사하고 있을 거라 확신하면서 자신의 부족함에 조바심을 느낀다(앞에서 내가 말한 평가받는다는 느낌).
- 내가 얼마나 열심히 하고 있는지 남들이 알아주고 그 가치를 인정해주길 바란다.
- 안정된 수입이 보장되지 않으면 무언가를 시도할 의사가 없다.
- 자신에 대한 기대치가 비현실적이고 불가능에 가깝다.
- 정해진 시간에 자신이 성취할 수 있는 것에 대한 기대치가 비현실적이고 불가능에 가깝다.

여기서 한 가지 짚고 넘어 가자. 위에 나열한 행동들은 거의 모든 사람들이 한두 번쯤 보여주는 행동이다. 예술가에게 불가능을 이겨낸 경험은 일종의 훈장이다. 시대를 아우르는 위대한 작품들 중에 일부는 남들이 미쳤다고 생각하는 곳에 어마어마한 돈과 시간, 에너지와 열정을 들이부은 예술가 덕분에 존재하고 있는 것이다.

집착을 위한 변호

예술가라면 누구나 그러하듯이, 당신에게도 당신이 가진 모든 것을 쏟아부을 프로젝트를 만나는 때가 올 것이다. 그런 프로젝트를 만나는 것은 겁나는 일이기도 하다. 그것은 당신이 가진 모든 에너지와 모든 신경과 모든 재능을 요구할 것이며, 또한 당신을 극한으로 밀어붙여서 당신이 가진 한계를 뛰어넘도록 할 것이다. 당신을 완전히 고갈시키고, 당신을 미치게 만들어서 오직 그것을 위해서만 살고 먹고 숨쉬고, 그것만을 꿈꾸게 할 것이다.

많은 경우 그런 기회를 이십 대에 만났을 것이다. 그렇다면 그건 축복이다. 왜냐하면 그렇게 모든 기력을 한 곳에 소진하고 난 후에 다시 회복하는 일은 젊을수록 수월하기 때문이다. 이제까지 축적된 경험을 바탕으로 당신이 가진 예술가로서의 역량을 모두 투자해서 프로젝트를 진행하는 것은 진정으로 통찰할 수 있는 경험이 될 것이다.

집착도 나름의 순기능이 있다. 병적인 완벽주의로 보여도 때로는 눈이 휘둥그레질 결과를 낳기도 한다. 물론 항상 성공적일 수는 없다. 그렇다고 해서 어떤 프로젝트가 당신의 삶 전체를 집어삼킬 것이 겁이 나서 아예 시작도 하지 않겠다는 것은 또 다른 형태의 자기회피일 뿐이다. 중간지대야말로 지향해야할 곳이다. 어쨌든 우리는 지속적인 예술 활동을 도모하고 있으니 말이다.

어떻게 하면 일을 과하지 않게 그리고 성공적으로 진행할 수 있는지 알아내는 것이야말로 풀어야 할 가치가 있는 문제이다.

구디즘 Goodism

완벽주의라는 단어를 구디즘으로 대체하도록 해보자.

구디즘은 좋은 것으로 충분하다고 인정하는 것이다. '하나님이 보시기에 좋았더라'라는 구절에 보이는 것처럼 말이다. 나는 뭐든 개선하려고 전력을 다한다. 그야말로 비판적인 사고를 잘 활용하고 있다. 이렇게 함으로써 지속적인 발전을 게을리하지 않는 것이다. 하지만 구디즘은 현재 상태로도 괜찮다고 받아들이는 것이다. 개선의 여지가 있음에도 불구하고 말이다.

구디즘은 그만 해야 할 때를 아는 것이라고 하겠다. 완벽주의와는 달리 구디즘은 가능한 만큼 최선을 다한 것으로 만족한다. 구디즘은 합리적이다. 그래서 구디즘을 지향하게 되면 밤에 숙면을 취할 수 있고, 하루 세 끼 여유있는 식사를 즐길 수 있게 되고, 그리고 다른 사람에게 할애할 시간도 낼 수 있게 된다. 구디즘은 또한 다른 사람들이 당신의 간섭없이 일을 끝낼 수 있도록 해준다. 당신이 조바심내어 재촉하거나 완벽주의의 잣대로 이것저것 참견해대지 않을 테니 말이다.

구디즘 안에서는 다른 사람들이 자신들의 기준으로 일을 끝내도 그것을 인정한다. 당신이 전자메일 하나 보내는 것도 교정작업을 거쳐야 하고, 악보 하나를 작성해도 흐트러짐이 없어야 한다고 해서 다른 사람들도 그래야 한다는 법은 없다. 때로는 편한 것이 깔끔한 것보다 좋은 것이다. 그러니까 이제는 빨간펜은 한쪽에 치워 두고 그냥 작성한 그대로 읽어 보도록 하자. 다른 사람이 해놓은 것을 고치고 싶은 마음이 오만함의 표현일 수도 있다. 나는 옳은 것을 따지기보다 평화를 유지하는 것이 더 낫다는 것을 배웠다.

이제 재미있는 순서가 왔다. 여기 소개할 실천과제는 〈Get It Done〉 원격 강의 과정에서 개발된 것 중 최고로 재미있고 독특하고 기발한 5분짜리 과제이다. 이 과제는 당신이 자신의 직관 및 내면의 소리에 접근하게 도와주고, 당신이 하고 있는 프로젝트와 늑장부리는 상황을 새로운 관점에서 생각하게 도와주도록 개발되었다. 다시 한 번 강조하지만 정해진 규칙은 없다. 그러니까 망칠 염려는 하지 말자. 정답 자체가 없으니 말이다.

이 과제는 5분 안에 완수할 수 있도록 만들어졌다. 이제 숨을 가다듬고 마음을 다잡고 상상력을 가동시켜 보자. 머리에 떠오르는 대로 가보자. 깊이 생각하거나 이리저리 재보는 것은 금지다.

EXERCISE 6 : 한 장짜리 동화책 만들기

먼저 종이 한 장과 필기도구를 준비하자(주의사항: 그림이 별 볼일 없더라도 과감하게 그려라. 또 유치하고 너무 흔한 내용이라고 생각해도 과감하게 써라. 신화가 가진 힘을 알고 있다면, 이 과제가 보이는 것과는 다르게 그렇게 별볼일없는 것은 아니라는 것을 알게 될 것이다).

공주

종이의 오른편 끝자락에 이미지가 됐든, 표식이 됐든, 단어가 됐든 당신이 하려는 프로젝트를 대표할 수 있는 것을 하나 그려 넣도록 하자. 지금 생각하는 이미지는 공주이다.

깊이 생각하지 마라. 무엇이든 머릿속에 처음 떠오르는 것이 정답이다. 나중에라도 답이 아니다 싶으면 언제든지 고칠 수 있다. 하지만 지금은 일단 처음 떠오르는 생각대로 가자. 아마도 책표지를 그려볼 수 있을 것이다. 하트 표시를 그려 넣을 수도 있다. 아니면 실제로 공주의 모습을 그려 넣고 '나의 행복'이라고 이름표를 달아줄 수도 있겠다. 무엇을 그려넣었든, 야호! 이제 시작이다.

용

공주의 왼 쪽에는 용이 길을 막고 서있는 모습을 그려보자. 이 용은 당신을 늑장피우게 만드는 존재이다. 용에게 이름도 지어주고 모습도 그려 보자. 커다란 불덩이로 형상화될 수도 있고, 또는 벽돌로 된 담벼락이 될 수도 있을 것이다. 시계가 될 수도, 잡동사니 더미가 될 수도 있다. 실제 용의 모습으로 그릴 수도 있다.

용에게도 이름표를 달아줄 수 있다. 이름은 '실패에 대한 두려움'이나 '일을 저지를 수가 없다' 또는 '다들 어떻게 생각할까?'라고 지어볼 수 있을 것이다. 무엇이든 맨 처음 떠오른 것이면 됐다. 대충 완성시키고 평가는 미루어 두자.

영웅

용의 왼쪽에 당신을 그려보자. 아마도 종이 중앙에 위치하게 될 것이다. 당신이 이 이야기의 주인공이다. 당신을 대표할 수 있는 이미지나 단어를 넣어 보자. 우스꽝스럽거나 조금 실없는 모습이어도 좋다.

검

당신의 무기를 그려 넣어라. 용과 맞서 싸울 때 사용하게 될 것이다. '좋은 취향'이라는 이름의 검이 될 수도 있고, '재능'이라는 이름의 환도가 될 수도 있다. 연막을 쓸 수도 활과 화살을 쓸 수도 있을 것이며, 펜이나 카메라 또는 꽃 한 송이가 될 수도 있다. 용을 베어내기 위해서 이 무기를 어떻게 써야 하는지 상상해 보자.

옆차기

당신의 옆이나 뒤로 옆차기를 그려보자. 그것이 의미하는 바는 사람이나 단체 또는 당신이 가진 능력 등 당신이 기댈 수 있는 것은 무엇이든 될 수 있다. 친구나 동료가 될 수도 있고, 유머감각이나 내면의 지혜가 될 수도 있다. 수호천사이거나 영적인 존재, 그도 아니면 맥북이 될 수도 있다. 그저 머릿속에 맨처음 떠오른 것으로 정하자. 떠올리면 미소가 지어지는 것이면 좋겠다. 그리고 당신의 믿을 만한 옆차기를 대표할 수 있는 이미지나 단어나 형태를 그려 넣도록 하자.

당신의 신실한 팬

종이 위 아무 곳에나 마음내키는 곳에 나를 비롯해서 세상에서 당신을 지원하는 모든 존재를 대표하는 이미지나 단어를 넣어 보자. 그것들은 당신을 믿는다. 그러니까 당신 자신에 대한 믿음이 흔들리게 되면 그것에게서 다시 힘을 얻어 갈 수 있고, 그들은 당신이 잘 해낼 거라 믿는다.

우리(팬)를 보조 옆차기 정도로 그려 넣어도 좋을 것이다. 아니면 세계 각국의 예술가들이 모인 군대가 당신을 돕기 위해 고개를 넘어 행진하는 모습으로 그려 넣어도 좋다. 밤하늘에서 당신을 밝게 비추는 별일 수도 있고, 당신에게 보내는 박수

소리일 수도 있다. 무엇이든 당신이 든든하게 느끼고, 사랑과 보살핌을 받고 있다고 느낄 수 있도록 하는 것으로 골라서 그것을 이미지나 단어로 표현해 보자.

와우! 해냈다!

손볼 곳이 남았으면 간단히 손을 보고 마무리하자. 그리고 잠시 시간을 갖고 이 그림에서 배울 점이 있는지 살펴보자.

- 이 과제에서 얻은 것이 있다면 무엇인가?
- 당신을 놀라게 한 것이 있는가?
- 감정적으로 영향을 준 것이 있는가?
- 이 그림을 보고 새로 해봐야겠다고 마음먹은 일이 있는가?
- 당신이 프로젝트에 임하는 자세나 당신이 늑장부리던 자세에 변동이 있나? 있다면 어떻게 변했나?

이 과제는 당신이 구석에 처박아 두어서 오래 묵혀 있던 생각들을 다시 끄집어내거나 상상의 나래를 펴고 싶을 때라면 언제든지 활용해도 좋다.

당신에게 일을 그만두라고
충동질하는 사람은 누구인가?

당신 머릿속에서 들려오는 목소리를 조금 다른 방식으로 들어보도록 하자. 당신이 뭔가 새로운 일을 할 때마다, 또는 위험부담이 있는 일이나 재미있는 일 또는 특이한 일을 하려고 들 때 머릿속에서 들려오는 소리를 적어두도록 하자. 그리고 실제적으로 당신이 하고 싶어 하는 일을 하지 못하게 막는 영향력을 발휘하는 생각이 무엇인지 눈여겨 보도록 하자.

그만두는 이유를 대야 할 때가 오면, 당신은 놀랍도록 창의적이 될 수 있다. 안그런가?

- 누구도 이 일에 신경쓰지 않아.
- 세상에는 이미 너무 많은 책들이 있어.
- 초등학교 3학년 때 선생님이 난 이 일에 재능이 없다고 했어.
- 이미 시도해봤지만 실패했잖아. 다시 해볼 이유가 있나?
- 난 아직 자격이 없어.
- 아직 마음의 준비가 안됐어.
- 일이야 잘하지. 그런데 내가 너무 살이 쪄서/머리를 잘라야 되니까/준 비가 덜 돼서 못해.
- 만반의 준비를 갖추지 못했어.

- 남들이 어떻게 생각할까?
- 우리 가족이 싫어해.

이제 이렇게 생각해 보자. 당신이 죽어서 천국의 문에 이르러 베드로에게 고할 때, 당신의 어머니가 인정해주지 않고 애인이 지지해주지 않아 재능을 제대로 사용하지 못했다고 변명하고 싶은가? 말리지는 않겠지만, 당신이 좀 우스워 보일 것이다.

과거의 '실패'라는 망령

창의력의 발목을 잡는 또 다른 요소는 과거에 저지른 실패에 사로잡히는 것이다. 예전에 어떤 상담자가 이런 말을 했다.

"난 뭔가 해보기가 두려워요. 가장 최근에 하려던 일이 내가 믿었던 사람들의 방해와 배신으로 어그러졌거든요."

나는 이렇게 대답해 주었다.

"그런 일을 겪었다니 안됐네요. 얼마나 고통이 심했겠어요. 그런데 지금은 그 방해하던 사람들이 없잖아요. 지금 당신을 막아서고 있는 건 당신 자신이에요. 당신에게 그 사람들이 했듯이 지금은 당신이 자신을 방해하고 배신하고 있어요."

그녀는 정확히 7일 후에 새로운 사업을 개시했다.

내가 아는 한, 활동하고 있는 창조적인 사람의 거의 대부분이 지나치게 평가에 가혹했던 선생님 때문에, 잔인했던 친구들의 의견 때문에, 작품을 깎아내리는 비평 때문에 그만두고 싶었던 순간을 경험해 봤다고 한다. 어떤 경우는 조금 과장된 것일 수 있고, 어떤 경우는 사실 그대로일 수 있고, 어떤 경우는 그런 취급을 당할 만했을 수도 있다. 요지는 아무리 훌륭한 예술가라고 하더라도 실패를 경험하게 된다는 것이다. 하지만 과거에 했던 실수나 잘못, 실패에 사로잡혀서 당신이 좌절하게 된다면 당신은 그 실패로 기억될 것이다.

당신에게는 실패의 망령을 쫓아낼 힘이 있다. 단, 그 힘을 내기 위해서는 투지와 끈기가 있어야 한다. 당신은 과거의 망령이 당신을 잠식하려고 들 때 바로 눈치채고 긍정의 힘으로 극복해야 한다. 그 망령에게 분홍칠을 해놓자. 분홍 유령이라니, 별 거 아닌 것처럼 보이지 않는가? 조금 우스워 보일 것이다. 그렇다면 다행이다.

이제 당신이 아주 성공적이었던 순간을 떠올려 보자. 당신이 가치있고, 재능있고, 좋은 사람이라고 느꼈던 순간으로 말이다. 그 기억 속에 빠져들어 그때의 그 느낌이 몸 구석구석 퍼질 수 있도록 하자.

과거의 분홍 망령이 당신의 발목을 잡을 때마다 이것을 반복하도록 한다.

누군가가 내 아이디어를 도용하면
어떻게 할까?

때로는 누군가 내 아이디어를 도용하고 있다는 걱정이 우리의 발목을 잡는다. 내 경우엔 사람들이 아이디어를 훔쳐갈 수도 있다는 걱정은 전혀 하지 않는다. 누군가 당신의 아이디어를 훔쳐가는 것은 불가능하다. 마치 당신의 신념이나 추억, 창의성을 훔쳐갈 수 없는 것과 마찬가지이다. 그들이 할 수 있는 최선은 그저 당신을 모방하는 것이다.

물론 나는 당신이 아이디어를 보호하기 위해 필요한 모든 노력을 기울여야 한다고 생각한다. 각본을 썼다면 저작권 등록을 해놓고, 공동작업을 하게 될 경우라면 동료들에게 비밀유지 서약을 받아놔야 할 것이며, 또 필요하다면 능력있는 변호사도 고용해야 할 것이다. 하지만 무엇보다도 아주 고무적인 일은 당신의 아이디어가 남이 모방할 만큼 가치가 있는 것이라는 점이다.

에릭은 치유자들을 훈련하는 고급 과정에 대한 아이디어가 있었는데, 동료가 그것을 따라했다는 것을 알고 매우 화를 냈다. 물론 좋은 아이디어를 서둘러서 실현하지 못했던 자신에게 더욱 화가 났지만 말이다. 일단 화를 진정시키고 나서, 그 동료를 만나보기로 했다. 같이 점심을 나누면서 그는 비록 두 과정이 유사한 것은 사실이지만 결정적인 차이가 있다는 것을 알게 되었다. 에릭은 이 차이점을 발견함으로써 새로운 과정을 개발할 수 있다는 확신을 얻었고, 자신의 과정을 보다 차별성 있게 다듬어서 성공시킬 수 있을 만한 아이디어까지 얻게 되었다.

만약 누군가 당신의 아이디어를 베껴서 성공을 일궈낸다면, 그것은 굉장히 좋은 일이다! 그 사람이 시장성은 확인해 주었고 당신은 이제 확신을 가지고 일을 추진할 수 있게 되었다. 그 사람보다 더 잘하기만 하면 된다(무엇이든 하나만 있기에는 세상이 넓다. 영화나 책을 봐도 같은 주제로 두 세 개의 작품이 같은 시기에 터져 나오지 않나?). 물론 당신이 더 잘 할 것이다. 그건 당신의 아이디어였으니까 말이다.

여기서 알 수 있는 점은, 베끼는 일을 당하지 않으려면 먼저 상품화하는 것이 최선이라는 것이다. 당신의 아이디어를 당신의 이름으로 제일 먼저 시장에 내놓을 수 있도록 하자. 그렇게 하면 창의력을 도둑 맞을 걱정은 할 필요가 없다.

ACTION STEP

당신이 하려는 프로젝트에서 완벽주의 때문에 제동이 걸린 부분을 떠올려보자. 그리고 C 점도는 받을 수 있을 만한 방법을 모색해 보도록 하자.

PART. 5

내가 '할 수도
있는 일'은
무엇인가

Get it done

우리 집안은 대대로 목록 작성하는 것에 일가견이 있었다. 나도 목록을 꾸리는 걸 좋아하고, 우리 엄마도 그렇고, 우리 할머니도 그랬고, 선대의 할머니들도 그랬다(우리는 또 대책없는 박애주의자들인데다가 일이 있으면 해치워버리자주의이고 눈만 깜박여도 알 거 다 아는 그런 사람들이다. 이런 이야기를 풀어놓으면 따로 책 한 권이 나올 터이다).

목록을 작성해 놓으면 좋은 점은 해야할 일을 꼽아 보느라 머릿속이 복잡해지는 대신에 종이 한 장에 정리해 놓을 수 있다는 것이다. 하지만 우선순위를 정해놓을 수는 없다. 그리고 서로가 어느 정도의 중요성으로 연관되어 있는지도 알 수 없다. 어느 만큼의 시간이 소요될 것인지, 또 일의 선후 관계가 어떻게 될지도 알 수 없다.

물론 어떤 사람들은 차례대로 번호를 매기기도 한다. 하지만 머릿속에 떠오르는 순서는 중요한 순서와는 아무 상관이 없다. 어떤 사람들은 순서를 파악하는 감을 타고나기도 하지만, 대부분은 각 항목들이 머릿속에서 어지럽게 뒤엉켜 있어서 결국 목록은 뒤죽박죽으로 나오기 마련이다.

예술가이지만 사업가이기도 한 이유로, 나는 규모가 큰 프로젝트를 몇 개씩 동시에 진행하고 있다. 그렇다 보면 긴급하게 처리할 일이 한둘이 아니어서 피곤한 경우가 있다. 또한 일을 하기도 전에 일에 치이게 되기도 한다.

흔히들 삶의 지혜라고 하면서 이런 말을 한다.
한 번에 한 가지씩 하라.
이에 대한 내 생각은 바보같은 소리 말라는 것이다.
하나에만 집중해야 하는 사람이 있고,
동시에 여러 가지 일을 진행해야 하는 사람도 있는 법이다.
내 경우에는 규모가 있는 프로젝트의 경우
3~5개를 한 번에 운용할 때 가장 성과가 좋다.

심장이 뛰는 쪽으로
움직여라

우선순위를 고려하여 목록을 효과적으로 정리하는 능력은 불특정 다수에게 메일을 발송하는 것과, 결과를 예측해서 대상을 선정하는 것의 차이를 의미한다. 또한 인터넷에 배역을 구하는 모집공고가 뜰 때마다 지원하면서 불만 가득한 세월을 보내는 것과 당신에게 맞춰서 집필된 배역을 제안해줄 만한 인간관계를 구축하는 것의 차이를 의미한다.

일반적인 '해야 할 일' 목록과는 반대로 '할 수도 있는 일' 목록은 시간, 예산, 투자에 대한 잠재적인 상환액 등까지 고려해서 작성하고, 무엇보다도 당신이 진정으로 원하는 것을 고려해서 작성해야 한다. 인생이든 일이든 당신의 심장이 시키는 대로 따르는 것이야말로 '해야만 할 일'의 가시밭길에서 벗어나 '하고 싶어 죽을 지경인 일'의 따스한 햇볕 아래로 갈 수 있는 유일한 길이다.

간추리자면, '할 수도 있는 일' 목록은 불만족스럽고 고생스러운 예술가의 삶과 행복하고 웃음이 넘치고 성공적인 예술가의 삶 사이의 차이를 만든다.

다음에 소개할 이야기는 실용적이면서 심장이 원하는 방향에 충실한 목록을 작성하는 법에 관한 것이다. 그리고 이 체계가 내 삶에, 더 나아가 내가 상담한 사람들의 삶에 끼친 긍정적인 영향에 관한 것이다.

우선순위 정하는 방법

어느 해인가 나는 크리스마스 바로 전에, 해야 할 일을 적은 엄청나게 긴 목록과 씨름하고 있었다(명절이면 다들 겪는 일일 것이다). 그리고 시작도 하기 전에 이미 지쳐 있었다.

그때 내 목록에서 최우선적인 사항은 '크리스마스 카드 만들어서 보내기'였다. 나는 내가 아는 모든 사람들에게 해마다 항상 손으로 직접 쓴 크리스마스 카드를 보내왔었다. 나는 이 전통을 사랑했다. 내가 마음을 쓰고 있다는 것을 남들에게 알려주는 것이 좋았다. 그리고 정신없이 바쁜 시기에도 시간을 내서 그런 수고를 하는 내 모습에 스스로 조금은 우쭐한 마음을 가지기도 했다. 내가 우쭐거리는 것을 즐기는 성격은 아니라는 점을 확실히 하고 싶다. 하지만 허영심은 때로는 큰 동기부여가 될 수 있다. 크리스마스 카드는 나의 허영심을 만족시켜주는 대상이었다.

그런 압박 외에도 나는 그 해에 이혼을 했다. 그렇다 보니 이사를 해서 주소가 바뀌었다. 게다가 이혼을 앞두고 연락을 챙기지 않으면 관계가 소원해질 법한 사람들의 수가 꽤 됐기 때문에 사람들을 안심시키는 일이 더욱 중요하다고 생각했다. 비록 내가 15년 간이나 함께 했던 사람과의 결혼 생활은 끝냈지만, 나는 여전하고 항상 해오던 대로 모든 것을 잘 꾸려

나갈 수 있다는 것을 보여줄 필요가 있었다.

12월 2일이 되기 전에 반드시 끝내야만 할 일이 너무나 많았지만, 그중에서도 크리스마스 카드가 가장 힘들고 번거로운 일이었고, 나는 그 일에 우선순위를 줄 필요가 있었다.

목록에 우선순위 정하는 법

나는 종이 한 장을 꺼내놓고, 파란색 펜으로 세로선을 그어 네 개의 줄로 나눈 후 가로선을 그어서 칸들을 만들었다. 첫 줄에는 '**할 일**'이라고 제목을 붙이고, 해둬야 할 일들을 차례로 적어 나갔다. 생각나는 모든 일들, 사소한 일들까지도 놓치지 않고 적었다. 첫 번째로 할 일이 '크리스마스 카드'였고, 그 외의 것들이 종이 2장에 빼곡히 들어찼다.

다음 줄에는 '**시간**'이라고 쓰고, 첫 줄에 적힌 해야 할 일들 옆으로 예상되는 소요시간을 적었다. '동생과 통화'는 10분짜리였다. '아기 선물 준비'는 한 시간짜리, '공과금 내기'는 45분짜리였다. 얼마나 시간이 걸릴지 예상하기 어려운 경우에는 넉넉하게 시간을 잡아두거나 아니면 물음표 표시를 해놓고 넘어갔다. 기껏해야 작업계획표일 뿐 정부기획안은 아니니까 말이다.

'크리스마스 카드'는 12.5시간이 걸릴 것으로 예상했다. 꽤 많은 시간을 잡았는데, 150개의 카드를 보낸다고 할 때, 내용을 쓰고 주소를 적고, 우표 붙이는 등의 일을 하는 시간이 카드 하나 당 5분씩 걸릴 거라고 예상하고 계산한 결과 750분,

즉 12.5시간이 나왔다. 그것도 내가 카드를 150통만 보낼 때 가능한 이야기였다.

세째 줄에는 '**비용**'이라고 쓰고, 첫 줄에 적힌 일들을 하는데 얼마만큼의 비용이 필요한지 적었다. '동생과 통화'는 0달러였는데 우리가 특별한 휴대전화 요금제에 가입해 있어서 가능한 일이었다. '아기 선물 준비'도 0달러를 예상했는데 이미 다 구입해 놓아서 수공이 필요한 부분만 남아있었기 때문이다. '공과금 내기'는 1,200달러가 할당되었다. '크리스마스 카드'는……, 정직하게 말하자면 정확히 기억이 나지 않는다. 하지만 그리 큰 돈을 쓰지는 않았다. 그렇더라도 당시에 나는 거의 빈털털이 신세였기 때문에 나로서는 큰 맘 먹고 책정한 금액이었다.

116

마지막 줄에는 '**선호도**'라는 제목을 넣었다. 시간이나 비용처럼 실제적인 것이 아니라 감정과 연관된 항목이었다. 1부터 10까지 범주에서, 각 프로젝트를 하고 싶은 마음이 얼마나 되는지 점수를 주는 것이다. 내 마음이 끌리는 정도를 알아보기 위한 것이었는데, 나는 종종 그 부분을 등한시 했다. 하지만 그 부분을 무시했다가는 다른 사람들에 대한 의무만 잔뜩 떠안고서 정작 나에게 중요한 일에 할애할 시간은 거의 남기지 못하게 되고 만다.

'동생과 통화'는 10점을 주었다. 나는 내 동생과 대화하는 것을 무척이나 좋아한다. '아기 선물 준비'는 7점을 주었는데, 내가 만들고 있었던 작은 캐시미어 양말은 원숭이 모양이 들어가고 정말 앙증맞았다. 나는 그걸 끝낼 생각에 신이 나 있었다. '공과금 내기'는 8점을 주었다. 공과금을 미루면서 고지서들을 여기저기 굴리다가 나중에 연체료를 물게 되니 깔끔하게 납부해버리는 것이 마음이 편하다(나라는 사람은 일이 있으면 해치워버리자주의라고 말했지 않나).

'크리스마스 카드'에서 난 숨을 깊이 들이쉬었다. 카드를 보내고 싶은 마음이 얼마만큼이나 되나? 죄책감은 미루어 두고, 친구들을 잃을 수도 있다는 걱정도 미루어 두고, 참 괜찮은 친구라는 평판을 잃을까 하는 염려도 미루어 두고, 나만의 전통이라는 생각도 미루어 두고, 내 허영기까지 미루어 두었을 때, 나는 도대체 얼마나 이 일을 하고 싶은 걸까?

나는 0점을 써 넣었다.

그렇다. 한 장의 카드라도 보낼 마음 따위는 내게 전혀 없었다. 그러고는 내 일생에서 가장 대담한 일을 저질렀는데, 바로 '크리스마스 카드' 항목을 목록에서 삭제해 버린 것이다.

작업계획표 덕분에 카드를 보내는 데 쓸 시간과 비용을 절약할 수 있었을 뿐 아니라, 내가 그 일을 하고 싶은 마음이 없다는 것을 분명히 알게 되었다. 좀 이상한 기분이 들면서 해방과 자유로움이 느껴졌다. 사실 별거 아닌 크리스마스 카드 따위 보내지 않는다고 잃게 될 친구라면 굳이 애써서 지킬 만한 친구는 아닐 것이다. 그렇게 나는 내면에서 들리는 지혜의 소리에 귀기울여서 '카드는 그만'이라는 계시를 받았고 그에 따랐다.

그런데, 잠시만……

크리스마스 카드와 관련하여 한 마디 덧붙이자면, 결국엔 정말 카드를 보내야 했던 사람들에게 보내지 못한 것이 마음에 걸렸다. 이모들과 고모들 그리고 삼촌들, 학창시절 친구들, 오랜 이웃들에게는 카드를 보냈어야 했다. 하지만 카드를 보내지 않겠다는 원칙에 도취되어서 감히 예외를 만들 수 없었다. 내가 아는 나는, 일단 상점에 가서 필요한 카드를 몇 개 구입하다 보면 아까의 결심은 사그라져 끝내는 애초에 계획했던 대로 모두에게 보내고 말았을 것이다.

그래서 6주 후에 나는 마음에 걸렸던 사람들에게만 따로 밸런타인 데이 카드를 보냈다. 굳이 왜냐구? 비용도 얼마 들지 않았고 시간도 그렇게 들이지 않았으며, 무엇보다도 내가 정말로 진심으로 하고 싶었기 때문이다.

나는 이 이야기를 〈Get It Done〉 워크숍마다 하는데, 지난 해에 한 수강생이 영감을 받아서 밸런타인 카드를 보냈다고 한다. 20대 중반의 화가였고 특히나 착실한 사람이었다. 그녀는 자신이 알게 된 강사들과 갤러리 소유주들과 디자이너들에게 정성이 가득 담긴 카드를 보냈고, 세 군데에서 전화로 감사인사를 전해왔다고 한다. 그 사람들이 그녀를 쉽게 잊을 수 있다고 생각하는가? 절대 아닐 것이다. 그야말로 훌륭한 마케팅이다(그것도 마음에서 우러난).

우선순위를 잘 따지면 돈이 굴러 들어온다

나는 나중에 작업계획표에 줄 하나를 추가했다. 'ROI' 항목인데 'Return on Investment'의 약자로서 투자대비 기대치라는 뜻이다. 목록에 나열한 각각의 일을 마치게 되면 무엇을 얼마나 얻게 될지, 그 기대치를 1에서 10까지의 범주에서 표현하는 것이다.

예를 들어, 한 번은 내가 해야 할 일 하나를 그냥 몇 주 동안 책상 위에 방치해 놓은 적이 있다. 어리석은 일이었다. 상품 카탈로그에서 제품을 하나 봤는데, 내게 상담을 받고 있는 고객이 좋아할 만한 것이었다. 간단한 편지를 써서 그 상품정보를 봉투에 함께 담아 보내야겠다고 마음을 먹고서는 몇 주를 그냥 흘려보낸 것이다.

작업계획표는 다음과 같다.

할 일	시간	비용	선호도	ROI
D.G에게 상품 정보 보내기	2분	44센트 (우편비용)	10	10

잠깐.

정말 하려는 마음이 크고, 그에 대한 보답도 크게 기대할 수 있으면서 시간과 비용은 거의 들지 않는 일이었다.

나는 바로 편지를 보냈다. 그리고 사흘 후, 상담 10회분을 예약하는 그녀의 전화를 받았다.

그 사소한 일이 나에게 천 달러 이상의 가치를 물어다 주었던 것이다. 그보다 더 값진 것은 내가 되고 싶은 모습의 내가 될 수 있었다는 것이다. 나는 좋아하는 고객들에게 마음을 담은 편지를 보낼 줄 아는 그런 사람이 되고 싶었다. 거기에 더해서 마음을 전한 것이 마케팅으로 연결된 것이다.

내가 항상 이런 작업계획표를 사용하는 것은 아니다. 하지만 할 일을 목록으로 작성하다가 일이 너무 많아서 목록이 길고 번거로워지고 무엇을 해야 할지 복잡해질 때면 이렇게 작업계획표로 정리한다. 사용할 때마다 새롭게 배우는 것이 생기고, 어떤 일이 왜 그렇게나 중요한지, 또 어떤 일은 그렇게 대단해 보이던 것이 왜 내게는 별로 중요하지 않은 것인지 새겨볼 수 있는 계기가 된다.

ACTION STEP

지금 바로 머릿속에 떠오르는 과제들을 가지고 목록을 작성해 보자.
그리고 시간, 비용, 선호도, 투자대비 기대치 등의 항목을 점검해 보자. 특이할 만한 사항이 있나?

PART. 6

나는
몇 종류의 예술을
하고 있나?

Get it done

당신은 예술가가 되겠다고 다짐한 적이 없다. 당신은 타고나기를 예술가로 태어났기 때문이다. 확신하건대 당신은 초등학생 때의 어느 순간 섬광이 비추는 것처럼 깨달음을 얻게 되었을 것이다.

'나는 남들과는 달라.'

어쩌면 누군가의 이야기를 들으면서, 혹은 음악을 듣는 동안 눈물이 쏟아졌을 수도 있고 아니면 나이에 비해 훨씬 조숙한 시를 짓거나 그림을 그렸거나 했을 수도 있다. 그런 경험이 이어지면서 당신은 학급의 다른 아이들보다 당신이 뛰어나다는 것을 알아차리게 되었을 것이다. 당신은 더 재미있거나, 더 빠르거나, 더 능숙하거나, 시각적으로 더 뛰어나거나, 운동 신경이 더 좋거나, 손재주가 더 있거나, 언어 능력이 더 발달했거나, 직관이 더 예민하거나, 음악성이 더 있거나, 색감이 더 발달했거나, 감정이 더 풍부하거나, 더 창의적이거나, 중복해서 다양한 재능을 보였을 수도 있고, 뭐든 다른 아이들보다 뛰어난 순간이 있었을 것이다.

그 순간들을 기억하고 있나? 어떤 영감을 받아서 당신이 그 재능을 발현하게 되었는지도 기억하나? 잠시 당신이 아이였을 때로 돌아가 보자. 그 아이의 마음을 같이 느껴보도록 하자. 자라는 동안 당신으로 지내는 것이 쉽지 않았다(부모님에게 물어 봐라). 그러니 지금 그 사랑스럽고 재능이 넘쳤던 아이를 위해 기도해 주자.

더불어 당신의 부모님과 가족들을 위해서도 기도해 주고 싶을 것이다. 나도 잘 안다. 많은 경우 우리 같은 사람들은 어린 시절을 그다지 행복하게 보내지 못했다. 하지만 당신 부모님의 관점에서 생각해 보자. 평범한 아이를 키우고 있다가 갑자기 유니콘을 키우라는 요구를 받게 된 꼴이다. 당신이 갑자기 온갖 재능을 보이고, 그래서 특별한 보살핌이 필요한 아이가 되어버린 것이다. 솔직히 당신 부모님은 주어진 상황에서 할 수 있는 최선을 다했다고 생각한다. 내가 이렇게 말하는 건, 경험상 누구든 주어진 상황에서 자신이 할 수 있는 최선을 다하기 때문이다. 비록 그들의 최선이 그다지 신통하지 못할지라도 말이다.

당신의 탁월함을 깨달은 순간, 당신은 자신이 세상을 보는 방식이 다른 모든 친구들의 방식과 조금 다르다는 것을 이해하게 되었을 것이다.

여기서 주목할 점은, 조금 다르다는 점이다. 당신이 예술가로서의 자신을 자각했을 때, 당신의 친구들은 숫자를 다루는 능력을 자각하고 수학을 매개로 자신이 특별하다는 것을 깨달았을 수 있다. 또 다른 친구들은 체육에 재능이 있다는 것을 깨닫게 되었을 수도 있다. 또는 사회성이 특히 좋아서 우리 같은 사람은 파악할 엄두도 내지 못할 집단에서의 역학관계나 정치를 통찰하는 친구도 있었을 수 있다. 무엇이 되었든 학급의 다른 친구들도 예술가로서의 소양만큼이나 멋지고 기적같은 각각의 특별한 재능을 가지고 있었을 것이다. 예술가만큼 특별하지는 않을 수도 있지만, 그래도 거의 근접할 만큼 특별했을 터이다.

우리 모두는 어떤 식이든 창조적인 천재다. 모두가 예술가는 아니다. 하지만 모두 다 천재다.

당신이 하는 행동이
당신을 정의한다

화가는 그림을 그린다. 배우는 연기를 한다. 작가는 글을 쓴다. 재봉사는 재봉질을 한다. 당신이 무언가를 하고 있다면, 당신은 자신을 그 무언가를 하는 사람으로 부를 권리가 있다.

남들이 인정한다고 해서 당신이 예술가가 되는 것은 아니다. 또 '그 일을 해서 돈을 벌고 있다는 것'이 당신을 예술가로 만들어 주지도 않는다. 호의적인 비평을 얻거나, 상을 타거나, 출판 계약을 하거나, 중개인과 연결되었다고 해서 당신이 예술가가 되는 것은 아니다. 명성을 얻는 것도 당신을 예술가로 만들어 주지 못한다.

이제 걸음마 단계의 배우도 배우임에 분명하다. 나쁜 작가라도 작가는 작가이다. 돈을 벌지 못하는 조각가도 조각가인 것이다.

그러니 당신이 아직은 배우고 있는 단계라고 해도, 열심히 당신의 업을 지속해야 한다. 당신이 작품을 꾸준히 하고 있지 않으면, 하긴 이 책을 읽는 동안은 꾸준히 하게 될 것이다. 하지만 내가 추측하건대 당신은 한 가지만 하고 있지는 않을 것이다.

한 우물만 파는
예술가는 없다

나는 한 우물만 파는 예술가를 한 번도 본 적이 없다. 창작 활동을 하는 사람 중 내가 아는 사람은 모두 이렇게 말한다.

"제가 작가는 맞아요. 하지만 합창단에서 노래도 하고 베이스 기타도 치고, 북도 치고, 수를 놓기도 해요. 그래도 십자수는 이제 안 해요. 거기다가 우리 가족은 모두가 요리하는 걸 좋아한답니다. 내가 클로그 댄스^{역자 주: 나막신을 신고 추는 아메리카 원주민 춤}를 한다는 말을 했던가요?"

이미 말했듯이 당신은 다방면에 재능이 있다. 그 중에서도 당신이 매일 같이 연마하는 종류가 있을 것이다.

아래에 있는 창조적인 활동들을 살펴보자. 이 목록은 다년간에 걸쳐 수강생들과 상담인 수백 명을 통해서 얻은 정보로 만들어졌다. 그런데 자세히 보면 예술이라고 미처 생각지 못했던 활동들도 있을 것이다. 당신에게도 예술적이라고 여겨보지 않았던 잔기술이 몇 개 있지 않은가?

창조적인 활동의 예

- 가구 제작
- 가르치기
- 가정식 요리
- 가창
- 감정표현 과장해서 하기
- 개인 훈련
- 거절하기
- 격려하기
- 격투 스턴트/무술공연
- 계획 세우기
- 계획 없이 무작정 해보기
- 곡예
- 공부하기/학생으로 지내기
- 공연 제작 : 다양한 장르
- 구슬공예
- 그래픽 디자인
- 그림 그리기
- 극기훈련 조교 노릇하기
- 글쓰기
- 기타 연주 : 어쿠스틱 기타/통기타
- 기타 연주 : 전기기타
- 꼭 끌어안기
- 끝내주는 샐러드 만들기
- 낙서하기
- 남 칭찬하기
- 남에게 공감해주기
- 낭송하기
- 노래하기
- 노래하기: 복음성가
- 노래하기: 클래식 음악
- 농담 작성하기
- 다른 사람들을 편안하게 해주기
- 대본 분석 보고서 작성
- 대사 후시 녹음
- 대중 연설
- 데쿠파주
- 도시 생활
- 돌보기
- 동기부여 하는 연설
- 동물들과 대화하기
- 드럼 연주
- 드림보드 만들기
- 디테일 챙기기
- 라이브 무대에서 1인 코미디 공연하기
- 롤러블레이딩
- 롤러스케이팅
- 리코오더 연주하기
- 마사지
- 마음과 몸과 영혼 다스리기
- 마케팅
- 만화그리기
- 맥킨토시 컴퓨터 가지고 놀기
- 명상
- 명상록 쓰기
- 모조품 그려보기
- 목각 공예
- 목판화 작업
- 무대장치 디자인(연극, 공연)
- 무용: 록음악에 맞춰 격렬하게
- 무용: 발레
- 무용: 현대무용
- 물건 고치기
- 물건 정리하기
- 물류 지원
- 바느질: 대바늘뜨기
- 바느질: 손바느질
- 바느질: 수놓기
- 바느질: 자수놓기
- 바느질: 코바늘뜨기

- 번호대로 색칠하기
- 보드란(아일랜드 전통 북) 연주 하기
- 부분이 아니라 전체를 큰 그림으로 생각하기
- 비누 제작
- 비디오 게임
- 비디오 블로그 활동
- 빵 굽기
- 사랑나누기
- 사업 아이템 뽑아내기
- 사업 추진
- 사진
- 생식 즙 내기
- 선물 사기
- 선물 포장하기
- 세트 디자인(영화, 드라마)
- 소셜 미디어
- 소프트웨어 설계
- 손글씨 쓰기
- 쇼핑
- 수감자들을 위한 수공 카드 제작
- 수상 스키
- 스노보드 타기
- 스크랩북 관리
- 승마
- 시: 낭만시 짓기
- 시: 리머릭 짓기
- 시: 시암송
- 시내 드라이브하기
- 신랄하지 않으면서 정직하게 표현하기
- 신발 디자인
- 실크 스크린
- 쓰레기 양산하기
- 아기 키우기
- 아이디어 틀 잡기

- 아크로 요가
- 안무
- 알파벳으로 정렬하기
- 애니메이션 작업
- 엉망진창인 상태 정리하기
- 여성의 소년같은 매력
- 여행
- 연극: 고전
- 연극: 광대극
- 연극: 마임
- 연극: 뮤지컬 코미디
- 연극: 셰익스피어 극
- 연극: 연출
- 연극: 전위연극
- 연극: 즉흥극
- 연극: 직장내 연극
- 연극: 코미디 촌극
- 연극 대본쓰기
- 연기
- 연애 편지 쓰기
- 연출
- 영적인 지도력
- 영화 만들기
- 영화 비평하기
- 영화 대본쓰기
- 예측한 위기 감내하기
- 오카리나 연주
- 온라인 홍보
- 외설 시 짓기
- 요가
- 요정에게 집 지어주기
- 웹디자인
- 유튜브 활동
- 음악 연출: 무대와 스튜디오에서
- 응원 및 지원 해주기
- 의상 디자인
- 이벤트 계획하기

- 인간관계 넓히기
- 인맥 유지하기
- 인생 상담
- 인형만들기
- 자각몽 꾸기
- 자기에게 책 읽어 주기
- 자신을 꾸밈없이 내보이기
- 자전거 타기
- 장기 자동차 여행
- 장난감 만들기
- 장신구 만들기
- 장학금/지원금 신청서 작성하기
- 재봉질
- 점토 구슬 공예
- 정보 공유
- 정원 돌보기
- 조명 디자인
- 주제 있는 파티 열기
- 죽여주는 스무디 만들기
- 집 꾸미기
- 집안 꾸미기
- 창조적인 공간 만들기(다른 예술가들의 작품을 위한)
- 창조적인 듣기
- 채식주의 빵굽기
- 책 소리내서 읽기
- 책 읽기
- 철학
- 첨단기계 기술 다루기
- 총기 제작
- 촬영 기교 익히기
- 축산업
- 충고하기 / 듣기
- 침술
- 카멜레온처럼 변화무쌍하게 어디든 무리 없이 스며들기
- 키스하기

- 칼집 만들기
- 커피 만들기
- 케이크 꾸미기
- 쿼드라이딩(4륜 자전거 타기)
- 트위터 이용
- 티셔츠 디자인
- 파티 열기
- 판매
- 패셔니스타 역할 해보기
- 페이스북 활동
- 편집
- 포스터 제작
- 플룻 연주하기
- 피아노: 입문 단계
- 할인상품 획득하기
- 호소력 있게 제시하기
- 화이트 리버 강 지킴이
- 화장
- 환경 보호
- 회복하기(12단계 밟기)
- 효과음 넣기
- Shrinky-Dink 공예

＊ ＊ ＊ ＊ ＊

EXERCISE 7 :

나는 몇 가지 종류의 예술을 하고 있나?

종이 한 장을 꺼내서 세로로 반을 접는다. 그리고 왼쪽 칸에는 위에 나열된 것 중에서 당신이 가지고 있는 기술이나 재능을 적어 보자. 이 외에도 당신이 보유하고 있는 기술 중 당신이 예술이라고 간주하는 것을 추가해 놓자. 선물 주기, 커피 후후 불기, 화가 나있는 사람 화 가라앉히기, 공상하기 등과 같은 것도 괜찮다.

130

예술을 한다는 사람이 이렇게 말하면 나는 정말 황당하다.

"할 줄 아는 게 하나뿐이라서 일을 잡을 수가 없네요."

이해할 수가 없다.

평생을 예술에 몸바치면서 당신은 가치있는 기술을 다양하게

연마하게 되었을 것이다. 남의 말을 잘 듣고, 바디랭귀지를 읽어내며,

예민한 직관을 적용하는 능력, 역사에 대한 관심, 리듬감, 사람들 앞에서 발표하는

능력, 형태, 색, 디자인에 대한 감각, 비평을 받아들이는 능력,

공조 또는 공동작업하는 능력(앙상블을 이룬다고 우리는 말하곤 한다),

그리고 무엇보다 신선한 발상과 그것의 실현을 위해 매진할 수 있는

능력 등을 키워왔다.

꼭 직업을 가져야 한다고 말하려는 것이 아니다.

그저 당신이 얼마나 다양한 영역에서 다양한 능력을 발휘할 수 있는지를

알고 있으라는 것이다.

오른쪽 칸에는 왼쪽에 써 놓은 재능이 당신이 현재 직면하고 있는 문제를 해결하는 데 어떤 도움이 될 수 있을지 간단히 메모해 보자. 예를 들어, 당신이 파티를 열고 주최하는 데 소질이 있다는 것을 기억하면, 재미없는 모임에 참석하게 되었을 때 좀 더 흥이 나게 만들어봐야겠다고 생각해 볼 수 있을 것이다. 당신이 퍼즐게임에 일가견이 있다면 블로그를 좀 더 새롭고 재미있는 방법으로 구성하는 것을 도모할 수도 있을 것이다.

일단 자신만의 독특한 예술성을 파악하게 되면, 다른 사람들에 대해서도 파악할 수 있는 여유를 가지게 된다. 사람들은 상대방이 자신을 이해하고 칭찬해주면 인정받고 배려받았다고 느낀다. 진정성이 느껴지는 칭찬을 건네 보자.

예들 들어 "이런 회의 때마다 항상 그렇게 사려 깊은 의견을 내주시는 것 잘 알고 있습니다. 정말 감사드립니다"와 같은 칭찬은 불편한 작업환경을 개선하는 데 큰 역할을 한다. 내 경험에 비추어 볼 때, 다정하고 평소의 관심이 반영된 감사편지를 쓰면 인생의 친구를 얻을 수도 있다.

ACTION STEP

당신이 가진 특별한 재능 중 세 가지만 골라보자. 이 재능들이 당신이 프로젝트를 진척시키는 데 있어서 어떻게 쓰일 수 있을지 정리해서 적어두도록 하자.

PART. 7

나는
어떤 사람인가?

Get it done

자기회의에 빠지는 것은 자살골을 넣는 것과 같다. 자기회의가 심하면 신경마비를 초래할 수 있고, 야경증에 시달릴 수 있으며, 회한이 깊어지고, 수치심에 고통받게 된다. 자기회의는 있을 법한 걱정을 하는 것이나, 있을 법한 의문을 표하는 것과 쉽게 구분이 되지 않는다. 다행스럽게도 보통은 생각하는 바를 입밖으로 소리내어 말하는 것만으로도 그 차이를 알 수 있게 된다.

자신의 생각을 소리내어 말하게 되면(주변에 사람이 아무도 없더라도) 당신이 다루고 있는 사안이 정말 문제가 될 만한 것인지 아니면 자기회의의 결과일 뿐인지 분명해진다. 문제가 될 만하다면 "음, 이걸 어떻게 해결하지?"라는 말이 나오게 될 것이며, 그렇지 않다면 본인이 듣기에도 쓸데없다고 느껴질 것이다.

만약 소리내어 말해봤는대도 여전히 명확하지 않다면, 그때는 전문가를 찾아볼 필요가 있다. 평소에 좋아하고 존경하는 사람 중에서 현재 안고 있는 문제와 관련한 지식이 있는 사람을 찾아서 당신이 지금 봉착한 문제에 대한 의견을 구해라. 알고 보면 당신이 확신을 갖지 못하는 것에 어떤 이유가 있을 수 있다. 그리고 그것을 해결하자면 어떤 단계들을 밟아야 하는지에 대해 조언을 얻을 수 있을 것이다. 반대의 경우, 당신의 고민이 전혀 근거가 없으니 하던 대로 계속 매진하라는 충고를 들을 수 있다. 어떤 경우이든 끝없는 고민에 종지부를 찍을 수 있다.

자기회의는 이 외에도 조금 더 복잡미묘한 문제들을 야기할 수 있는데, 이제 살펴보기로 하겠다.

'준비하고 준비해야 한다'
신드롬

'준비하고 준비해야 한다' 신드롬에는 다음과 같은 증상이 있다. 몸무게 5킬로그램을 줄이기 전에는, 학위를 따기 전에는, 허가를 받기 전에는, 적당한 사람을 구하기 전에는, 돈이 충분히 모이기 전에는, 경험을 더 쌓기 전에는, 치뤄야 할 돈을 다 지불하기 전에는, 장비를 제대로 다 갖추기 전에는 절대 일을 진행할 수 없을 것 같이 생각되는 게 그것이다.

'준비하고 준비해야 한다' 신드롬을 이겨낼 수 있는 복안은 15분간 자료조사를 해보는 것이다(이것으로 당신이 할 15분짜리 일일 실천과제를 대체해도 좋을 것이다). 정말 하고 싶은 일을 하기 위해서 반드시 선결되어야만 하는 일이 있다는 생각이 들면 실제로 점검해보기 바란다. 특히나 그렇게 생각하게 된 근거가 혼자 생각해서 나온 것이라면 말이다. 인터넷도 검색해 보고, 주변에도 물어보고, 그리고 가장 중요하게는 당신이 정말로 하고 싶어하는 그 일을 이미 해본 경험자에게 물어보라. 아마도 당신이 긁어부스럼을 만든 경우가 태반일 것이다.

어느 사진작가의 경우, 자신이 찍은 모든 사진을 디지털로 변환해서 웹사이트에 먼저 올리고 나면, 그제야 홍보를 시작할 수 있으리라는 생각에 사로잡혀 있었다. 그런데 그 일은 수

주 혹은 수 개월이 소요되는 아주 힘든 작업이었다. 나는 그 녀에게 작품 전체를 대표할 만한 상징적인 사진이 있는지 물어보았고, 나는 그 사진만 일단 올려 보는 게 어떤지 제안했다. 그녀는 그 자리에서 벌떡 일어섰고, 이십 분 후에는 거리를 내달리고 있었다.

라라는 직관이 아주 뛰어난 공연예술가였는데, 인생상담가로서의 새삶을 시작하고 싶어했다. 하지만 자격증을 따는 데에 2년이 걸리고 비용으로 수천 달러가 들어가게 되는 것 때문에 의기소침해 있었다. 상담사 자격증을 따기 위해 갖은 수고를 감내하는 사람들을 무시하는 것은 절대 아니다. 하지만 그 일을 하는 데 있어 자격증이 꼭 필요한 것은 아니다. 그녀에게는 이미 상담을 원하는 고객이 여러 명 확보되어 있었다. 내가 그 점을 지적하자, 그녀는 바로 표정이 환해졌다. 내가 마지막으로 들은 애기는 그녀가 한 달에 한 번은 비버리힐즈에서 사치스러운 한 때를 즐기곤 한다는 것이다. 당신이 훌륭한 성과를 올리기만 하면 아무도 당신의 자격증 따위는 상관하지 않는다.

마지막으로 놀랄 만큼 많은 사람들이 몸무게를 줄이기 전에는 아무 일도 시작할 수 없다고 말을 한다.

"여러분, 여러분의 운명은 여러분의 몸무게가 얼마나 나가는지와는 전혀 상관이 없답니다."

당신은 지금 몸매 그대로도 연인을 만날 수 있고, 작품을 팔수도 있고, 쇼의 주인공이 될 수도 있고, 지금 한 재산 벌어들이는 데 아무 지장이 없을 것이다. 사실 당신이 자신의 프로젝트를 하느라 너무 바쁘고 행복하다 보면 몸이 저절로 적응해서 당신이 바라는 완벽한 몸매에 가깝게 될 수도 있다.

정보 과다로 인한 분석불능
신드롬

정보과다로 인한 분석불능 신드롬의 증상으로는 지나치게 생각이 많거나, 변경 및 수정을 계속하거나, 끝이 없이 공부를 하는 등의 행동이 있는데, 몇 시간에 걸쳐서 인터넷을 뒤적이는 것은 기본이다. 공부를 하면 할수록 더 나은 답을 찾을 수 있다고 생각하는 것은 오산일 뿐만 아니라 최악의 경우 프로젝트를 망치게 되는 지름길이다.

테레사는 웹디자인을 하는 데 참고하겠다고 웹사이트를 찾아보기 시작했는데 멈추지를 못했다. 잭은 로고 디자인을 열다섯 번이나 새로 했다. 샤론은 역사소설 집필을 위해 캐비넷박스 세 개를 다 채우도록 자료조사만 하다가 결국 책은 쓰지도 못했다.

이렇게 공을 들이는 것이 참으로 장려할 만한 일로 보이는 것, 이게 바로 함정이다. 정보를 과다하다 싶을 만큼 축적하는 것은 사실 합리적인 일이다. 누구든 아무 대책 없이 일에 뛰어들어 놓고 피할 수도 있는 실수로 발목이 잡히고 싶지는 않을 것이다. 당연히 아닐 것이다.

그렇다면 이렇게 해보는 게 어떨까? 자료조사를 최대 여덟 시간 안에 마치는 것으로 하자. 이 시간은 하루에 15분씩

이면 한 달의 기간이 걸리고, 몰아서 하루 일과를 전부 투자하거나, 하루에 한 시간 조금 넘는 시간을 투자하면 일주일이 걸리는 시간이다. 여덟 시간이면 충분한 양의 정보를, 적어도 일을 시작하기에는 충분한 양의 정보를 모을 수 있다. 그리고 진정한 정보는 실제적으로 일을 실행하는 과정에서 실수도 하고 성공과 실패의 요인도 치열하게 분석해 가면서 얻어질 수 있을 것이다.

이렇게 생각해 보자. 당신이 세상에 충분한 성과를 보여주게 되면 어느날엔가는 누군가가 당신을 조사하고 참고하게 될 것이다.

'내가 대체 뭐라고'
신드롬

'내가 대체 뭐라고' 신드롬의 증상은 잘난 척하는 것으로 보이는 것을 두려워하는 양상으로 나타난다. 우쭐대는 것처럼 보이는 것을 원하지 않고, 그저 촌구석에서 온 얼뜨기로 남으려고 한다(농담이다. 이 증세는 출신지와는 아무 상관이 없다).

내가 대체 뭐라고 신드롬은 당신이 행동에 나서야 하는 중요한 순간에 나타나서 당신의 손발을 묶어버린다는 점에서 특히 조심해야 한다.

당신이 창의력이 넘치는 사람이라면 자신이 하는 일에 있어서는 본인이 유능하다고 생각할 것이다. 겸양 따위는 한쪽에 치워두었을 때 말이다. 당신은 자신이 한 일이 마음에 들고, 다른 사람도 그럴 것이라고 생각한다. 당신이 최고는 아닐 수 있다. 뿐만 아니라 무엇이든 항상 개선의 여지가 있는 법이다. 하지만 당신에게 승산이 전혀 없다면 당신이 아직도 그 일에 매달려 있을 리가 없다.

그리고 그런 마음으로 '책 제안서를 내봐야겠어'라거나 '웹사이트가 필요한데'라거나 '오디션을 보겠어'라고 생각하면, 그제야 '내가 대체 뭐라고' 신드롬은 등 뒤에서 그 흉하고 흉한 머리를 들이민다. 그리고 당신이 가장 두려워하는 점들을 무섭도록 논리정연하게 내뱉기 시작한다.

- 아무도 네가 하는 일에 대해 신경쓰지 않아.
- 그거 이미 예전에 다 나왔던 거잖아.
- 세상 사람이 죄다 그 일에 매달리고 있다고.
- 세상은 이미 포화상태야. 웹사이트/ 영화/ 원맨쇼/ 그림/ 소설/ 블로그/ 차주전자/ 인형/ 꽃분홍 스팽글 반짝이로 전신을 휘감고 머리에 깃털 꽂은 여장 남자가 하나 더 나와봐야 낄 자리가 없다니까.

그렇게 당신이 하려는 일이 부질없다고 치부해 놓고 또 이렇게 속삭이기 시작한다.

- 너는 너무 뚱뚱해.
- 머리가 잘 돌아가지 않잖아.
- 네가 진짜 할 수는 있어? 너는 웹사이트/ 영화/ 원맨쇼/ 그림/ 소설/ 블로그/ 차주전자/ 인형/ 꽃분홍 스팽글 반짝이로 전신을 휘감고 머리에 깃털 꽂은 여장 남자를 어떻게 만들어야 할지 아는 게 없잖아.
- 네 성격이랑 이 일은 맞지 않아. 너는 지나치게 부끄러움 타는/ 너무 유별난/ 머릿속에 든 게 지나치게 많은/ 너무 의기소침한/ 너무 산만한/ 너무 콧대가 높은/ 너무 얼빠진/ 너무 격한/ 너무 평범한/ 너무 열의가 넘치는/ 매사 심드렁한 경

엘리옷 카터는 퓰리처 상을 두 번이나 수상한 유명한 작곡가이다.

특히 인생 말엽에 폭발적인 창작력을 보여주었는데,

구십 세에서 백 세에 이르는 기간에 사십 개가 넘는 작품을 발표했고,

2008년에 백 세를 넘긴 이후에도 열네 개가 넘는 작품을 발표했다.

그의 마지막 작품인 피아노 삼중주를 위한 에피그램은 2012년 8월 13일에 완성되었다.

그는 2012년 11월 12일에 사망했는데,

104살 생일을 불과 몇 주 남겨놓았을 때였다.

향이 있잖아.

143

- 너는 이런 쪽하고 맞지 않을 텐데. 너는 너무 도시적인/ 전원도시 출신 같은/ 너무 촌스러운/ 너무 어두운/ 너무 밝은/ 너무 민족성이 강한/ 너무 전통적인/ 너무 교육 못 받은/ 너무 교육 받은 티가 나.

- 너는 신체조건이 이 일과는 맞지 않아. 너는 너무 나이가 많잖아/너무 나이가 어리잖아/ 키가 지나치게 크잖아/ 키가 너무 작아/ 너무 뚱뚱해/ 너무 말랐어/ 너무 섹시해/ 너무 매력이 없어/ 너무 남자같아/ 너무 여성스러워/ 문신이 너무 많아.

이런 비난 중에서 정말 신랄하고 내가 많이 듣는 소리이기도 한 '너는 너무 나이가 많잖아'를 좀 더 살펴보도록 하자.

일을 하는 데 있어서 나이가 많은 게 무슨 문제가 되나?

너무 나이가 많다는 게 정말 무슨 말인가? 당신에게 좋은 아이디어가 있고, 그 아이디어를 실현할 여력도 갖추고 있는데 나이제한이 왜 있어야 하는지 알 수가 없다. 일반적으로는 정년이라는 게 있다. 하지만 우리가 일반 직장에서 일하는 일반적인 사람들의 경우를 이야기하고 있는 것이 아니지 않은가?

당신은 이 일을 지금보다 일찍 해놓을 수가 없었다. 그러기엔 당신은 너무 어렸다! 당신이 더 젊어서 이 일을 할 수 있었다면 당연히 그때 해버렸을 것이다. 정말 단순명료한 일이다. 지금에서야 당신은 딱 적당한 나이가 된 것이다.

나이 때문에(마음 편하게 요구하기는 힘든) 도움이 필요할 수는 있다. 신체적인 제약 때문에 힘과 시간을 안배하는 데 특별한 노력이 필요할 수도 있고, 어쩌면 보다 호의적인 관객 및 독자를 대상으로 작품을 해야 할 수도 있다.

진이라는 내 친구는 여러 해 동안 가수가 되고 싶다는 꿈을 간직하고만 있다가 결국 대중 앞에서 노래를 시작했다. 경험도 쌓고 무대공포증도 극복할 겸, 그녀는 은퇴자들의 모임과 노인센터 등을 찾아다니며 노래하기 시작했다. 그녀의 말에 따르면, 그분들만큼 기꺼워하면서 호응 좋고 사려 깊기까지 한 관객은 이제까지 없었다고 한다. 그 분들은 최고의 관객이었을 뿐만 아니라, 그녀가 개선할 점에 대해서도 거리낌 없이 바로 의견을 주었다고 했다. 그리고 그렇게 새로 얻게 된 팬 중 한 분에게 음반사업에 종사하는 아들이 있었고, 진은 이제

곧 그녀의 세번 째 CD를 발매할 예정이다.

신문 상담란으로 유명한 앤 랜더스가 남긴 불멸의 어록에서, 대학을 가기에는 너무 나이가 많다고, 대학을 마치려면 4년을 소요해야 하지 않냐고 고민하는 독자에게 그녀는 이렇게 말했다고 한다.

"대학을 다니지 않으면, 4년 동안 나이를 몇 살이나 먹지요?"

다음에 나이가 너무 많다는 고민을 하게 된다면, 충분히 고민한 건지 또 더 정확한 표현을 해야 하는 것은 아닌지 잘 생각해 보라.

'이 일을 하기에는 내 나이가 너무 많아'라는 표현보다는 '내가 너무 고리타분해서 이 일을 할 수 없어'라거나 '마음만 너무 젊어서는 이 일을 할 수 없겠어'라거나 '너무 겁이 나서 이 일을 못 하겠어'라는 표현이 더 정확할 수 있다.

그게 아니라면 설명을 좀 더 붙이는 방법도 있을 수 있다. '이 일을 하기에는 내 나이가 너무 많아'가 아니라 '이 일을 나 혼자 하기에는 내 나이가 너무 많아'라거나 '이 일을 한 번에 해치우기에는 내 나이가 너무 많아'라거나 '누가 기도라도 해주지 않는 한 이 일을 하기에는 내 나이가 너무 많아'라는 표현이 더 적당할 것이다.

이제 대답해 보자.
당신은 대체 어떤 사람인가?

"당신은 대체 어떤 사람인가?"라는 질문에 대한 대답을 하나 알려준다면, "글쎄요. 나는 하루에 15분 투자해서 성공하는 것이 가능한지 실험해보려고 하는 사람입니다"라고 해도 좋을 것이다.

다음에 소개하는 실천과제가 당신이 이 질문에 보다 심도있게 대답할 수 있도록 도움이 될 것이다. 이 과제는 혼자서 해도 좋지만 다른 사람과 같이 하게 되면 특별히 재미있을 것이다. 소리내어 말하는 것이라서 당신이 조금은 과장된 표현을 하게 될 테니 말이다. 그리고 다른 사람과 함께라면, 그 사람이 당신이 말하는 동안 메모를 해줄 수도 있을 것이다. 전체 과정을 녹음해 놓는 것도 나쁘지 않다.

❈ ❈ ❈ ❈ ❈

EXERCISE 8 : 당신의 영웅들

153쪽에 보면 세 칸짜리 표가 하나 있는데, 직접 기입해도 좋고 복사해서 사용해도 좋다. 다른 실천과제들과 마찬가지로 머리에 떠오르는 생각대로 즉시 기입해주길 바란다. 깊이 생각하는 것은 금지하는 바이다. 머릿속에 맨 처음 떠오르는 답이 바로 정답이다. 특히나 당신에게 '왜 이게 생각이 나는 거지? 정말 뜬금없어!'라는 생각이 들게 한다면 더할 나위 없겠다.

1단계. 당신만의 영웅을 적어보자.

첫 번째 칸은 직업군이나 사람을 다양하게 분류할 수 있는 카테고리들로 채워져 있다. 1단계에서는 가운데 칸에 각 카테고리에 적합한 영웅의 이름을 적어 넣도록 하자. 지금 하는 실천과제의 취지에 맞게 하자면, 여기서 영웅은 '당신이 생각하기에 멋진 일을 해낸 사람, 당신이 저녁 식사에 초대하고 싶은 사람, 당신의 호기심을 자극할 만한 사람'을 의미한다. 다시 한번 강조하는데, 누구든 제일 처음 떠오르는 사람이 답이다. 혹시 그 사람에 대해 잘 알지 못한다고 하더라도 말이다.

언젠가 상담인 한 명이 나에게 이 실천과제의 새 이름을 '무릎반사처럼 툭 튀어나오는 존경하는 인물'이라고 제안했는데, 이 과제를 잘 설명해줄 수 있는 말이라고 생각한다. 너무 엄격하게 따지지 않아도 좋다. 그 인물이 당신에게 완벽한 영웅일 필요도 없다. 그 사람의 작품을 존경하지만 사생활 면에서는 그렇지 않을 수도 있다.

당신의 영웅이 꼭 유명인일 필요도 없다. 누구든 가능하다. 꼭 사람일 필요도 없다. 특별한 애정을 가지고 있는 동물일 수도 있고, 특별히 좋아하는 상점이 될 수도 있다. '밤색 스웨터를 입고 있던 그 친구'라거나 '내가 좋아하는 시의 작가인 그 여자'라고 적어도 좋다. 어차피 당신 혼자 참고할 명단이니까 말이다. 당신이 알아볼 수만 있다면 뭐가 됐든 가능하다.

지금 15분만 할애해서(사실 5분이면 족할 것 같기도 하지만) 각 카테고리에 맞게 당신이 대단하다고 생각하는 대상을 찾아서 가운데 칸에 그 이름을 적어보도록 하자.

내 이론으로는
"아무 생각이 나지 않아요. 머릿속이 텅 비어버린 거 같아요"라고
느끼는 것은 당신이 오직 정답만을 찾으려고 하기 때문이다.
실제로 당신은 직관이나 상상력을 발동해서 아이디어를 한두 개
내놓기도 할 텐데, 그것들이 그다지 독창적이지 않고 좋은 생각이 아니라는 이유로
쳐내버리고 만다. 그러면 당신의 직관이나 상상력은
팔짱을 낀 채 멀찍이 물러서서 이렇게 말하게 되는 것이다.
"좋아요. 내 제안이 맘에 안 든다는 거지요?
그럼 당신이 한 번 생각해 보라고요."
이렇게 돼서, 당신은 머릿속이 하얘지는 경험을 하게 되는 것이다.

명단에 적힌 이름들은 제각기 쓸모가 있을 것이다. 한 가지 확실한 것은 모두가 할로윈 의상을 고르기에 좋은 후보감들이라는 것이다. 그리고 당연히 많은 것을 배울 수 있는 인물들이고, 본받을 만하며, 반면교사('저 유명한 화가가 겪은 것 같은 재정난을 난 결단코 피할 테야!')로 삼을 수도 있는 인물들일 것이

다. 그리고 당신이 기운빠지고 늘어져 있을 때면 좋은 자극이 되어 줄 것이다.

이 명단은 또한 인터뷰를 하게 될 때 좋은 소재거리가 될 수 있다. 대답할 때 인용할 수도 있고, 대화를 이끌어낼 재미난 소재로 활용할 수도 있다. 콜라주를 만들거나 원맨쇼를 진행하거나 기고문을 작성하거나 블로그에 올릴 소재로도 아주 유용하게 쓰일 수 있다. 혹시 잘 알지 못하는 이름을 명단에 넣었다면, 그 인물에 대한 조사를 할 수 있는 기회를 얻은 셈이다. 15분 투자해서 새로운 아이디어가 가득 담긴 보물상자를 캐낼 수도 있다.

"당신이 존경하는 사람은 누구인가요?
가장 좋아하는 작가나 예술가가 있다면?"이라는 질문을 받게 되면,
비록 집에 1,500권의 장서를 갖추고 있더라도
갑자기 아무 이름도 떠오르지 않게 된다.
이 명단을 가지고 연습을 해놓아라. 그런 불상사는 다시 겪지 않을 것이다.
사실 긴장한 채로 대답을 해야만 하는 상황이 예상되면 질문과 답을
미리 준비해서 연습해두는 것이 좋다.
배우이자 초정밀 저격총 장인인 스테판 램지의 말에 따르면,
"긴장하게 되면, 준비한 것이 그냥 도루묵이 되는 경우가 생긴다."
그런 이유로 총 쏘는 연습을 그렇게 반복해서 하고 행사 전에 옷까지
갖춰 입은 예행연습도 해보는 것이다.
그러니까 당신이 해야 할 말이 있다면 몇 번이고 반복해서 말하는 연습을 해놓는
것이 좋다. 그렇게 준비하고 있어야만이
실전의 열기 속에서도 전하려는 내용을 흐트러짐 없이 전달할 수 있다.

2단계. 당신이 꼽은 영웅의 영웅적인 면모를 생각해 보자.

이제 세 번째에 있는 '영웅적인 면모'라는 칸을 채울 차례다. 가운데 칸에 적어놓은 각 인물에 대해서 흥미로운 점, 존경할 만한 점, 재미있는 점 등을 적어보자.

무슨 생각이 떠오르나? 형용사 정도면 적당할 것이다. 이미지를 떠올릴 수 있다면 훌륭하다. "나는 코코 샤넬이 정말 멋있어요. 라인석과 다이아몬드를 뒤섞어 놓은 것 같아요"라고 해도 좋고 "나는 다이앤 포시가 좋아요. 그녀는 정글에서 혼자 무서워하지도 않잖아요"라고 해도 좋다. 뭐든 바로 머리에 떠오르는 그대로 쓰면 된다. 한 말을 또 하고 또 하게 된다고 해도 괜찮다.

나의 영웅들

영역	대표적 인물	그 인물의 면모
내 영역		
문학/집필		
사업		
패션		
TV 드라마 주인공		
영화 주인공		
만화 주인공		
음악		
정치		
요리/음식		
고대 역사		
현대 역사		
신화		
스포츠		

하지만 당신 자신을 위해서 형용사를 고를 때보다 신중을 기하자. 내 친구이자 인생의 스승인 샘 크리스텐슨이 그가 고안한 퍼스널 브랜딩 기술인《Image Design Process》를 통해서 적절하게 지적해준 바에 따르면, 우리 언어에서 단어 몇몇은 무척이나 일반적으로 쓰이다 보니 지나치게 다양한 의미를 아우르게 되었다고 한다. cool, nice, weird 등이 대표적이다. 하다못해 smart, funny 등과 같은 단어도 다양한 의미를 내포하게 되었다. 그렇기 때문에 너무 일반적으로 쓰이는 단어를 사용하게 될 경우엔 우리가 한 단계 더 나아가서 자신에게 '어떤 점에서 이 사람이 그 단어에 부합하는가?'와 같은 질문을 던져보라고 제안한다.

예를 들어 당신이 '흥미롭다'라는 단어를 쓰게 될 경우, "이 사람이 어떤 점에서 흥미로운가?"라고 한 번 더 물어볼 수 있다는 것이다. 그러면 "그 여자는 자꾸 혁신적인 걸 시도해. 그 점이 흥미로워"라고 생각하게 될 수 있다. 흥미롭다는 것이 사실은 다양한 속성의 결합물일 수도 있다. "그 친구는 그렇게 규칙이나 따져대고 고루하게 구는데도 재미가 있단 말이야. 참 흥미롭기도 하지"라고 말하는 경우도 생길 수 있다 (고루하면서 재미있는 사람이 있을까? 스테판 프라이는 어떤가? 요즘 인기있는 드라마 〈The Big Bang Theory〉에 나오는 인물들도 대부분 해당될 것 같다).

경외감을 불러일으킬 만하다고 생각하는 것은 무엇인가?

- 그랜드 캐년
- 북극광
- 2008년 베이징 올림픽 개막식
- 생명 탄생의 기적
- 세상의 모든 기적

이런 것이야말로 경외감을 불러일으킬 만하다. 말 그대로 경외감을 자아낸다는 것이다. 경외감의 사전적인 의미는 숭배와 두려움과 놀라움이 뒤얽힌 감정이다. 두려움이 느껴질 정도로 경탄한다는 것이다.

제대로 그 의미를 감정해 보자. 커피는 경탄할 만하지 않다. 향이 좋고 따끈해서 마시고 싶어지고, 기운을 북돋아주고 맛도 참으로 좋지만, 그렇다고 경외감을 불러일으키지는 않는다. 토요일에 늘어지게 한잠 자는 것도 경외스럽지는 않다. 일종의 사치이고 감성을 충만하게 하고 휴식을 제공하고 누려보고 싶고 일종의 일탈에 가까운데, 그렇다고 경외감까지? 그건 아니다.

내가 꼭 깐깐한 학교 선생처럼 굴고 있다는 생각이 들긴 하지만, 솔직하게 말해서 아주 특별한 느낌을 묘사해야 할 이 엄청난 단어를 우리가 너무 과용한 나머지 이제는 그 의미가 탈색되어 본래의 뜻을 잃게 된 지경에 이르렀다.

톰 로빈스은 그의 저서 《Skinny Legs and All》에서 이렇게 말한다.

현실을 제대로 인식하지 못하는 현상은 사람들이 무분별하게 행동해서 야기한 것이다. 감정이나 상황을 정확하게 묘사할 수 있는 단어들을 제쳐두고 두루뭉술한 뜻으로 쓰이는 속어들을 아무 때나 끼워 맞춰 사용하다 보니, 그 현실이 의미하는 바가 경계에서 밀려나 낯설고 혼란스러운 바다 속으로 빠져버린 것이다.

정확한 진단이다. 수 없이 다양한 느낌, 상황, 사물 등을 묘사하면서 한 단어를 사용한다는 것은 미친 짓이다. 만약에 내가 모든 것을 'leafy'라고 묘사하게 되면 당신은 당연히 내가 미쳤다고 볼 것이다.

"내가 후식 나온 걸 파고 팠다니까. 푸성귀로 뒤덮여 있었어 (leafy)! 난 이 식당이 식물이 많아서(leafy) 좋아. 포도주가 풀맛이 강하네(leafy), 안 그래? 우리는 정말 다채로운(leafy) 시간을 보내고 있어. 저 웨이터가 저렇게 주렁주렁 뭘 많이 달고 있는 것(leafy)만 아니었으면"라고 말한다고 하자.

아마 당신은 "이게 뭐야? 잎이 무성한 것을 말할 때만 leafy 라고 해야지!"라고 반감을 표시할 수 있을 것이다. 맞는 말이다. 같은 맥락으로 오직 경외감을 자아낼 수 있는 것들만이 경외스러운 것이다.

그러니 이제부터 당신이 묘사하는 경우 좀 더 정확을 기해 보도록 하자. 다음 번에 '경외감이 든다'라는 표현을 하게 되면, 입 밖에 내기 전에 잠시 멈춰서 '지금의 느낌을 좀 더 정확하게 묘사해줄 단어가 없을까?' 먼저 찾아보고, 그 단어를 대신 사용하도록 하자. 그렇게 하다 보면 점차 능숙해지고 사물을 보는 보다 예리한 눈을 키울 수 있게 될 것이다.

당신이야 이미 잘 하고 있을지도 모른다. 당신은 창조적인 천재이니까.

당신이 애용하는 단어는 어떤 것인가? 과도하게 사용하는 단어들은 어떤 것들이 있나?

* * * * *

당신의 특성을 소리내어 말하기

위의 실천과제 당신의 영웅들을 마치고 나서 거기에 적힌 영웅적인 면모들을 소리내어 읽어 보자. 어떤 점이 눈에 띄나? 그렇다. 각각의 내용은 당신을 묘사하고 있다.

당신은 머리를 숙이고 이렇게 말할지도 모른다. "그게, 그저 내가 되고 싶은 모습이기는 한데……."라고 말이다. 하지만 단언컨대, 그것은 당신의 현재 모습이다. 나 혼자 하는 말이 아니다. 내 말은 무시하고 당신과 친분이 있는 사람 일곱 명에게 그 표를 보여줘라. 모두가 "이건 딱 너네."라고 말할 거라고 확신한다.

물론 몇몇 단어와 표현은 되고 싶다는 바람이 담겨 있을 수도 있다. 여전히 당신은 그렇게 될성부른 떡잎인 것이다. 당신은 자신이 믿고 있는 것 이상으로 그 단어들에 부합하는 사람이다.

"하지만 내가 가진 결함들은 어떻게 하지요?"라고 당신은 항변할 수 있다. "내게 있는 망가지고, 괴팍하고, 음침한 면모는 어때요? 그런 것들도 다 넣어야만 하지 않나요?"라고 말하고 싶을 것이다.

사실 몇 가지 이유로, 당신을 묘사할 때 밝은 면 중심으로 하는 것도 괜찮다고 생각한다. 첫째, 맛있는 산딸기 아흔아홉 종류에 관심을 두는 것과 같은 맥락에서이다. 당신은 잘못된 것이 무엇인지 찾아 헤매면서 많은 시간을 소비해버리는 통에 오히려 제대로 된 것들을 살펴볼 기회는 많이 놓치고 있다. 그러니까 장점을 위주로 보는 것은 자기평가를 공정하게 하기 위해서도 필요한 일이다.

둘째, 당신도 알다시피 긍정적인 요소라고 하는 것들도 뒤집어 보면 어두운 면이 공존하고 있다. 예를 들어, '천재'가 되는 것은 멋진 일이다. 하지만 세상에서 혼자 동떨어진 기분이 들 수도 있다. '고혹적'으로 생겼다면 축복받을 일이지만, 지나가는 사람마다 당신의 얼굴이며 몸매를 훑어보는 건 아닌지 신경을 곤두세우며 살아야 하는 어려움이 있다. 그리고 나이가 들어가면서 생기는 변화에 적응하는 것이 남보다 훨씬 힘들다.

형용사는 우리가 가진 행동의 한 면을 묘사하는 것이다. 우리는 우리가 가진 성격 중에 좋은 것도 있고 나쁜 것도 있는 것처럼 생각하지만, 잘 따져보면 그러한 구분은 섣부른 것이다. 각기 하나 하나의 행동이 어떤 경우에는 유익하기도 하고, 다른 경우들에는 유해할 때도 있다.

당신이 '지적'이라고 할 때, '어떤 문제가 됐든 해결해 치우는 명석한 아이'가 되어 본 적도 있을 것이며, '오만불손한 잘난 척하는 아이' 취급도 받아 보았을 것이다. 어떤 때는 동시에 두 개의 평가를 같이 받아보기도 했을 것이다.

당신이 '매력적'이라면, 파티에서 신나게 어울릴 만한 사람으로 대우받기도 하고 동시에 겉만 번지르르하고 느끼하고 믿을 만하지 않은 사람 취급을 받기도 했을 것이다.

사람들이 당신을 거만하다고 하는 것은 당신이 독보적으로 그들 눈에 띄었다는 것을 말해준다. 당신이 재미있는 사람이라는 것은 당신이 때와 장소에 맞지 않는 부적절한 행동을 하기도 한다는 의미이기도 하다.

그리고 당신이 영감을 주는 사람이라는 말은 당신이 대장노릇을 한다는 의미이기도 하면서, 다른 사람들을 뒤에서 조종하는 사람이라는 의미이기도 하다.

당신의 영웅들 표에 있는 형용사들을 잘 살펴보길 바란다. 당신이 그러한 양상이 드러난 행동을 해서 고통을 받은 때는 언제인가? 그 행동에서 부정적인 요소는 무엇이었나? 그렇다면 당신이 승승장구했던 때는 또 언제였는가?

다양한 면모를 가진 당신의 특성을 온전히 받아들일 때, 당신은 온전한 당신을 받아들일 수 있게 될 것이다.

라푼젤이 여배우 하나를 살려낸 방법

한 번은 볼륨감 있는 몸매에 명랑하고 머리색이 짙은 배우와 함께 일을 한 적이 있다. 조안나는 이름의 배우였는데 할리우드에서 성공하려는 열망이 아주 컸지만, 계속해서 좌절을 맛보고 있었다. 그녀가 더 높이 올라가기 위해 할 수 있고, 해야 하고, 당연히 해두어야 하는 일의 가짓수가 너무 많아서 그녀는 어찌할 바를 모르고 있었다. 게다가 아무리 애를 쓴다고 해도 모든 노력이 허사가 될 뿐이라는 생각에 뒷걸음치며 무너져 내리고 있었다.

내가 조안나와 맨 처음 한 것은 순수 선호도 조사였다. 그리고 그녀가 다른 어떤 장르가 아닌 영화계에서 일하고 싶어하는 것을 확실히 알게 되었다. 하지만 영화를 한 편 제작한다는 것은 규모가 크게 느껴졌고, 우리는 논의를 하던 중에 3분 길이의 단편 영화는 제작해 볼 만하다는 결론에 이르렀다. 그리고 생각하면 할수록 재미있을 것만 같았다.

'당신의 영웅 조사지'를 보면, 그녀가 영웅이라고 명단에 올린 이름들이 모두 여성인데다가 성적인 매력이 지배적인 인물 위주라는 것을 알게 되었다. 엘리자베스 테일러, 제시카 레빗, 클레오파트라, 라푼젤에 이르기까지 모두 그런 유형이었다. 그녀는 만든 명단을 다시 보면서, 최근에 라푼젤을 포스트 모던하게 재창작할 아이디어가 있었는데, 그 이야기로 3분짜리 단편 영화를 만들 수 있을 것 같다고 말했다.

나는 사람들이 이런 식으로 실마리를 풀어내는 것을 좋아하는데, 마치 나에게 이렇게 증명해주는 것만 같다.

"예술을 하면서 경력을 쌓는 방법에는 정답이 없다"

그리고 비록 내가 세상사에 대해서는 훨씬 유능하게 조언을 해줄 수 있었겠지만, 라푼젤을 가지고는 조안나가 생각해낸 것처럼 할 수 없었을 것이다. 할리우드에서 성공할 길이 있다고 생각하자, 그녀는 그 성공을 일궈낼 동력을 얻게 되었고(15분씩 작업을 쌓아서 그 작품을 완성했는데) 그야말로 그녀에게 안성맞춤인 과제였다.

조안나는 또한 그 영웅 명단에 숨어있는 또 다른 메시지를 깨달았는데, 그것은 그녀가 평상시에 좀 더 섹시해지고 싶다는 욕망이 있다는 것이다. 정말 맵시 나는 청바지도 차려 입고, 키튼 힐 구두도 갖춰 신고, 립스틱도 제대로 바르고서 그녀의 내면에 있는 리즈 테일러를 끄집어내고 싶다는 욕망이었다. 그녀는 "남자친구도 사귀고 싶어요"라고 털어 놓았다.

"내가 좀 더 섹시하고 여성스러운 면을 부각시켜야, 내 짝이 될 사람이 날 알아볼 거 같아요? 아니면 내가 그 사람을 먼저 알아볼 수도 있지요!"

마지막으로 들은 소식은 조안나가 단편영화제에서 일등을 했고, 축하 파티에서는 연속해서 잘생긴 남자 세 명과 춤을 추었다는 거였다.

당신의 영웅들 과제와 관련한 또 다른 이야기를 소개해 본다.

더 나은 추천서

내 여동생은 뉴욕시에서 사회복지사로 일하고 있다. 지금 하려는 이야기는 그녀가 유니버시티 세틀먼트^{역자주:University Settlement는 비영리 사회사업 조직으로, 개인이나 가족이 건강한 삶을 모색하도록 돕는 것을 목표로 한다.}에서 주관하는 5세 이하 어린이들의 정신건강을 돕는 프로그램의 책임자로 일하고 있을 때였다. 어린 아이가 정신건강 치료가 필요한 상황이 어떨 것인지 상상해 본다면, 내 동생이 했던 일이 얼마나 힘들고 스트레스가 많았을지 상상할 수 있을 것이다.

그래도 내 동생은 환상적인 팀을 꾸려서 같이 일할 수 있었다. 그 해 연례행사인 회합은 센트럴 파크에서 야유회로 진행되었는데, 그녀는 행사 중에 팀원들에게 '당신의 영웅들' 과제를 해보게 했다고 한다. 다들 서로의 영웅에 대해 들으면서 즐거운 시간을 보냈고, 각자가 선택한 형용사를 서로 들려주면서 감동받지 않은 사람이 없었다고 한다.

여러 달이 지난 후에 시의 예산문제로 프로그램을 접고 팀을 해산하게 되었을 때 내 동생의 팀에서는 서로에게 추천서를 써주기로 했다. 그리고 추천서를 작성하면서 그 사람들은 당신의 영웅들 표를 작성할 때 생각해 두었던 형용사를 사용했다고 한다.

나는 이 팀원들이 서로에게 추천서를 써주려는 마음을 먹을 만큼 그렇게 서로를 챙기고 서로에 대한 신뢰가 있다는 점이 너무 마음에 들었다. 그들이 작성한 추천서들은 천편일률적으로 '이 사람은 꼼꼼하고 협업에도 열심인 사람'이라고 추천하는 여타의 추천서들보다 열 배는 더 생생하고 정확한 내용을 담고 있을 거라고 나는 보장한다. 그 사람들은 서로에 대해 정확한 설명을 제공하고 과장없이 칭찬할 수 있었을 것이다.

당신도 작은 실험을 하나 해보고 싶을 수 있다. 자신을 위한 추천서를 작성해 보고 싶을 수 있다. 당신이 좋아하는 동료인 척 해보면, 당신의 자질을 새로운 시각에서 바라볼 수 있는 기회가 될 것이다(이런 종류의 연습은 정말 하기 어려운 과제 중 하나인 자기소개서를 작성해야 할 때를 대비한 좋은 훈련이 될 수 있다).

또 각 특성이 가진 다중적인 의미를 음미해 보면, 비평을 보다 생산적으로 받아들일 수 있게 된다. 누군가 당신이 유난스럽게 까탈스럽다고 했다고 하자. 당신은 자신이 꼼꼼한 사람이라는 점을 이미 알고 있다. 그러니 그녀는 그저 당신이 이미 알고 있는 사실을 말한 것뿐이다. 모든 사람이 당신을 좋아할수는 없다. 그렇다고 하더라도 다른 사람들의 의견이 어떤 면으로는 맞는 부분도 있다고 이해하고 있으면, 그들이 보여준 반감 때문에 당신이 겪게 될 분노나 혼란을 경감시킬 수 있다.

당신이 가진 다양한 자질들에 친숙해질 수 있는 또 다른 도구를 소개해 보겠다.

칭찬 들은 것들을 모아 두어라

이제부터 당신이 듣게 되는 모든 칭찬들을 기록으로 남기자. 원칙은 이렇다. 그저 표현을 적거나 아니면 그 중에서도 형용사만 적는다. 누가 했는지, 왜 그런 말이 나왔는지, 당신이 생각하기에는 그 의도가 어떤 것인지 등은 다 필요 없다.

그리고 강조하는데, 모든 칭찬을 기록해야 한다. '오늘 좀 멋있네'처럼 당신 생각에 별 거 아니라고 느껴질 수 있는 말도, '잘했어'처럼 너무나 일반적인 말도, '너 진짜 웃긴다'처럼 칭찬이 맞는지 싶은 말까지 모두 말이다. 그리고 당신이 어떻게 해석하던지 간에 말 바꾸지 말고 그대로 적어놓도록 한다.

멋있네 / 잘했어 / 웃긴다

일단 목록을 충실하게 작성해 놓은 후 검토해 보면서 각각의 단어나 표현이 어떤 의미일지 살펴보자. 특별히 당신의 주의를 끄는 단어들이 나오면 조사를 좀 더 해보자. 사전도 찾아보고, 그 단어의 기원은 어떻게 되는지, 어떤 사람들이 그 단어로 묘사되었는지 등을 알아보도록 하자.

때로는 '좋은' 내용이 '부정적인' 내용보다 받아들이기 힘든 경우도 있다. 당신이 정말로 기막히게 멋진 특성을 가졌다는 것을 받아들이기 위해 별도의 노력이 필요할 수도 있다.

우선 다음에 나오는 칭찬부터 시작해 보자.

당신은 착하고 용감하다(바로 기록해 놓자).

얼마 쯤 시간이 지나면 반복적으로 나오는 단어나 표현이 눈에 들어올 것이다. 그런 표현들은 당신이 자신이나 자신의 작품에 대해 설명해달라는 요구를 받게 될 때 사용할 수 있을 만한 것들이다. 또한 당신이 진정한 자아에서 멀어진 느낌을 받을 때 이 목록을 참고하고 싶을 수 있다. 중요한 미팅이나 데이트, 파티 등을 앞두고 있을 때 말이다.

나는 파티에 참석하기 전에 파티장 밖에 차를 세워 두고 그 안에 앉아 칭찬을 정리해 놓은 목록을 다시 읽어본다. 목록을 읽으면 스스로 생각하기에는 얼간이 같기만 한 내가 다른 사람들에게는 재미있고 친절하고 도움이 되는 존재라는 것을 새삼 되새기게 된다.

당신이 자신을 묘사하는 단어나 표현들을 가지고 실험을 지속해 나가다 보면 그것들에 익숙해지고 그 절묘함을 즐기는 자신을 발견하게 될 것이다. 다음에 누군가 당신에게 칭찬을 건넬 때 당신이 사랑스럽게 미소지으며 편하게 '고맙습니다'라고 말하는 것을 보아도 나는 놀라지 않을 것이다.

ACTION STEP

**당신이 이제까지 들었던 것 중에 제일 좋은 칭찬 세 가지만 적어보자.
그리고 당신이 정기적으로 바라보게 되는 장소에 붙여 놓도록 하자.**

PART. 8

예산을
수립하는 일은
정말 필요한가?

지금까지는 늑장부리게 만드는 내부적인 요인들을 살펴보았다. 하지만 때로는 우리를 꼼짝 못하게 잡아 두고 있는 것이 단순한 금전문제일 수도 있다. 창조적인 사람들은 프로젝트를 수행하는 데 있어서 재정적인 쪽에 관심이 없다는 오명을 종종 듣고, 그렇게 해서 돈과는 궁합이 맞지 않는다는 평판을 듣는다.

내 경험으로 볼 때는 그저 우리가 특별히 돈 때문에 마음이 동하지는 않을 뿐이다. 우리는 그보다 새로운 도전, 재미, 흥미로운 공동작업 기회, 일하면서 얻는 즐거움 등에 마음이 끌린다. 우리 중에서 그나마 돈 문제를 등한시 하지 않는 사람들까지도 계획을 세울 때는 금전적인 부분에 그다지 연연하지 않곤 한다.

하지만 나는 예산이라는 단어가 기쁨의 원천이 될 수도 있다고 말하고 싶다. 재정과 관련한 렌즈를 통해서 당신이 하는 프로젝트를 들여다보는 것이 자유, 창의성, 통찰력, 새로운 방식의 생각 등을 더욱 크게 불러일으킬 수 있다.

이번 장은 당신이 공상 속에 꿈꾸던 것을 아주 손쉽게 현실화할 수 있도록 도와주는 기술을 담고 있다.

돈이라는 것이
그저 돈인 것만은 아니라면?

여러 해에 걸쳐서, 나는 예술가와 돈에 관한 아주 낡고 꽉 막힌 믿음들을 많이 들어왔다. 때로는 이러한 믿음들이 만성적인 저소득과 재정적인 실수에 대한 자기충족적 예언을 만들어내기도 한다. 아래 문장들 중 당신에게도 적용되는 것이 있는가? 새롭게 덧붙일 것이 있는가?

- 난 돈을 다루는 것은 질색이야.
- 수입이 너무 일정치 않아서 미리 계획을 세울 수가 없어.
- 저축은 꿈도 못 꾸겠어.
- 돈 문제만 엮이면 머리가 아파.
- 돈이 많은 사람들은 참 거만해.

이제 연습 삼아 위에 목록에서 돈이라는 단어를 사랑이라는 단어로 대체해 보자.

- 난 사랑을 다루는 것은 질색이야.
- 내 사랑은 너무 일정치 않아서 미리 계획을 세울 수가 없어.
- 사랑을 모아두는 것은 꿈도 못 꾸겠어.

- 사랑 문제만 엮이면 머리가 아파.
- 사랑이 많은 사람들은 참 거만해.

이제 돈 대신에 창의성을 집어넣어 보자.

- 난 창의성을 다루는 것은 질색이야.
- 내 창의성이 너무 일정치 않아서 미리 계획을 세울 수가 없어.
- 창의성을 모아두는 것은 꿈도 못 꾸겠어.
- 창의성 문제만 엮이면 머리가 아파.
- 창의성이 많은 사람들은 참 거만해.

우습게 들리는가? 만약에 당신이 사랑이나 창의성이 넘쳐 날 수 있다고 믿는다면, 돈에 대한 믿음도 발전시킬 수 있을 것이다.

돈이라는 것은 그저 종이 쪼가리, 금속 덩어리에 불과하다. 하지만 우리가 에너지와 교환할 수 있는 종이쪼가리이며 금속 덩어리이다. 당신은 자신의 생명 에너지를 일에 부어넣고, 당신의 고용주는 돈으로 그것을 보상한다. 다른 누군가가 에너지를 상품이나 서비스에 넣어주면, 당신은 돈을 지불하고 그 결과물인 핸드백, 샌드위치, 또는 노래수업을 받게 된다. 돈이라는 것은 교환의 수단이다. 그게 전부이다.

EXERCISE 9 : 당신이 돈에 대해 느끼는 네 가지 방식

당신과 돈 사이의 관계를 규정지을 수 있는 단어를 네 개만 대보자. 그리고 인생의 다른 어떤 것이 또 그와 같이 규정될 수 있는지 찾아보자. 여기 소개하는 짧은 이야기를 읽으면, 내가 하는 말이 무슨 뜻인지 알 수 있을 것이다.

나와 돈의 관계는 단순한 친구 이상의 관계다

캐롤이라는 친구는 여배우였는데, 목이 구부러진 상태가 만성이 되어서 말하는 것도 힘들어 할 정도로 고생하고 있었다. 내가 이 과제를 내놓자 그녀는 이렇게 말했다.

"나는 돈이 풍부하다고 느꼈으면 해요. 그리고 완전히 자유롭고 꾸준하고, 돈이 일정하게 들어왔으면 좋겠어요."

나는 "잘했어요"라고 말해주고, "당신이 에너지를 낼 수 있는 다른 근원을 하나 말해보세요"라고 요구했다.

"연기지요." 그녀가 곧바로 대꾸했다.

"좋아요. 그럼 당신과 연기 사이의 관계를 풍부하고 자유롭고 꾸준하고 일정하다고 말할 수 있을까요?"라고 내가 물었다.

"아니요."라고 조금은 껄끄럽게 웃으면서 그녀가 대답했다.

"좋아요, 그럼 당신과 남편 사이는 어떤가요? 제리와 당신의 관계는 풍부하고 자유롭고 꾸준하고 일정한가요?"

"그럼요. 전적으로 그렇지요."

"좋아요, 그럼 당신과 친구들 사이는 어때요? 친구들은 풍부하고, 자유롭고, 꾸준하고, 일정한가요?"

"그럼요. 전적으로 그렇지요."

"좋아요, 그럼 금주는 어떻게 되가고 있어요? 술을 마시지 않고 맑은 정신으로 잘 지내고 있나요?" 다행스럽게도 캐롤은 지난 11년 동안 그녀를 늘 괴롭혔던 알코올중독에서 회복하는 중이었다.

"맑을 때가 많고 자유롭고 꾸준하고, 요 근래에는 매우 일정해요!"

"좋아요, 그럼 신과의 관계는 어때요?"

"풍부하고 자유롭고 꾸준하고 일정해요!"

"좋아요, 그럼 음식이랑은 어때요? 풍부한가요?"

"네."

"자유롭지요?"

그녀는 조금 머뭇거린 후에 "네"라고 대답했다.

"완전히 자유롭지는 않은가 봐요?"라고 내가 물었다.

"완전히는 아니에요. 음식과는 계속 씨름 중이에요. 다이어트를 해야 하는데, 그다지 꾸준하고 일정하게 하고 있지는 못하네요."

"좋아요, 잘했어요. 이제 우리는 당신이 어떤 영역의 에너지 근원과 성공적인 건강한 관계를 일궈냈는지, 아직 개선의 여지가 있는 영역은 또 어디인지에 대해 파악이 됐어요. 하지만 정말 중요하게 알아두어야 할 것은 당신이 할 수 있다는 것입니다. 당신은 이미 일부 영역에서는 성공적으로 해냈고, 그 말은 당신이 돈과도 그런 건강한 관계를 만들어낼 수 있다는 것이지요.

사실 당신이 차를 깨끗하게 유지해낼 수 있다면, 집도 깨끗하게 유지할 수 있을 거라고 생각하는 것이 그리 큰 비약은 아닐 거예요. 열 사람을 앞에 두고 공연할 수 있다면, 차후에는 그 천 배의 사람 앞에서도 공연할 수 있으리라 생각하는 게 말도 안되는 건 아니에요. 그렇게 따져볼 때, 당신이 에너지의 근원 중 하나와 명료하고 깔끔하고 존경스러운 관계를 가질 수 있었다면, 당신이 돈과도 그런 관계를 이끌어낼 수 있으리라고 생각하는 것이 그렇게 황당한 생각은 아니지요."

캐롤은 이후에 할리우드에서 코믹배우로서 엄청나게 성공적인 경력을 쌓게 되는데, 그 역할을 소화하는 모습이 풍부하고 자유롭고 꾸준하고 일정한 모습이었다고 한다!

하지만 나는 다르다

"하지만 내 경우는요?"

당신이 하는 생각이 들리는 것 같다.

"내가 가진 돈문제는 달라요! 단순히 에너지 균형을 맞추는 문제나 캐롤이라는 사람과 하던 것과는 다르다고요!"

물론 다를 것이다. 그럼 그에 대해 대화를 한 번 나눠 보도록 하자.

"알아두셔야 해요! 돈은 정말 무시할 수 없는 거예요!"

돈은 무시할 만한 것이 아닐 수 있다. 하지만 예술의 세계에서는 그렇게까지 대단한 것도 아니다. 돈 한 푼 쓰지 않고서도 얼마간은 살아갈 수 있다. 하지만 이야기를 듣거나 들려주지 않고서는 몇 분도 견딜 수 없을 것이다(어떤 매체를 사용하고 있든지, 모든 예술은 기본적으로 이야기를 들려준다). 그리고 일부의 사람들은 물건을 사지 않고도 자급자족을 하거나 물물교환만으로 살아가고 있는 반면에, 아무도 예술 없이 살아갈 수는 없다. 절대 아무도.

당신이 예술활동 중이라면, 당신은 그저 그런 돈보다 훨씬 강력한 힘을 휘두르고 있는 것이다. 예술은 돈과는 비교할 수도 없을 만큼 훨씬 더 필수불가결한 존재다.

"하지만 난 금전문제에는 완전 젬병이에요!"

이제 우리는 문제의 중심에 접근하고 있다. 당신은 자신이 금전문제에 젬병이라고 생각하는 것뿐이다.

"하지만 난 정말정말 젬병이에요!"

그러시겠지요. 지난 세월 동안 당신은(당신의 시간과 재능을 포함해서) 사물들을 사고 팔아 왔다. 물품들의 가격도 알고 있을 것이다. 은행에 얼마가 들어있는지도 알고 있다. 빚이 있다면 그 액수도 알고 있을 것이다. 또 친구나 친척이 대충 얼마의 재산을 가지고 있는지도 가늠해볼 수 있을 것이다. 하물며 길거리에서 스치고 지나가는 사람을 대충 훑어보고서도 그 사람이 돈을 얼마나 가지고 있는지 꽤 정확하게 추측해낼 수 있을 것이다. 상점 중에서도 부담없이 들어가서 물건을 구매할 만한 곳과 그렇지 못한 곳을 구분하는 데 아무 어려움이 없을 것이다. 그리고 당신이 속해 있는 분야에서 정상에 있는 예술가가 돈을 얼마나 벌고 있는지도 확실히 알고 있을 것이다. 더불어 평균적인 수입과 최저수입에 대해서도 잘 알고 있을 것이다. 그러니 이제 당신을 좀 인정해주자. 당신은 실상 전문가이다.

"그래요, 내가 금전문제에 대해 조금 안다고 합시다. 하지만 나는 세금이며 주식시장이며 그런 것들은 하나도 몰라요."

여보세요, 세금이랑 주식시장을 이해하는 사람은 아무도 없답니다. 그 세계를 아는 사람들은 만찬같은 곳에 초대되는 아주 따분하고 고루한 사람들뿐이다. 몇 가지 사항을 분명히 해두도록 하자.

1. 당신의 돈이 어떻게 흘러가는지 관리하는 것은 쉬운 일이다.
2. 예산을 세우는 것은 쉬운 일이다.
3. 미래를 위해 저축해 두는 것은 쉬운 일이다.

위의 세 가지 사항은 하지 않는 것보다는 하는 게 훨씬 더 쉽다. 심각하게 들어주길 바라는데, 당신이 하고 있는 대로 금전문제를 방치하고 있는 것보다는 제대로 관리하는 것이 훨씬 속 편한 일이다.

당신이 가진 다양한 자질들에 친숙해지도록 해줄 또 다른 도구를 소개해보겠다.

우리는 배고프지 않다

내가 마술봉을 휘둘러서 '배고픈 예술가'라는 표현을 어휘록에서 사라지게 할 수만 있다면 그렇게 해버리고 말겠다. 무슨 이유로 예술가들은 배고프다는 인식을 갖게 된 걸까? 고수입이 보장되지 않는다고 해서 아무 직업에나 배고프다는 표현을 갖다 붙이지는 않는다. 우리는 '배고픈 목사'라거나 '배고픈 식당 종업원', '배고픈 주유원' 등의 표현은 쓰지 않는다. 예술가들은 오히려 목사나 식당종업원이나 주유소 점원들보다 수십 억을 더 벌어들이는 경우가 많다. 그런데 왜 이런 말이 들리는 걸까?

사람들은 예술가들을 내려다보는 경향이 있다.

"배우라고요? 어느 식당에서 일하는데요? 하.하.하."

"코미디를 한다고요? 여기서 한 번 웃겨 봐요."

나는 다른 직업을 가진 사람들이 이런 경우를 당하는 것을 본 적이 없다. "꽃장식가세요? 그럼 좀 해봐요"라고 말하는 경우는 들어본 적이 없을 것이다(종종 의사나 변호사를 만나는 자리에서 비슷한 경우가 생기기는 하지만, 그 경우에는 그 사람들을 시험하는 것이 아니라 그저 무임승차해볼 요량에 그러는 것뿐이다).

그리고 코웃음치며 다음과 같이 말하는 것도 들어본 경험이 있을 것이다.

"세 살짜리 아무나 하나 데려와도 저것보다는 잘 그리겠네요. 헐, 난 저것보다는 훨씬 잘 그릴 수 있어요."

노래를 더 잘하거나 글을 더 잘 쓰거나 뭐든 더 잘할 수 있다는 말을 흔히 들어보았을 것이다. 더 잘 하는 사람이 있을 수도 있다. 하지만 대부분의 경우는 그렇지 않다. 시도도 해보지 않았을 사람들이 그런 말을 한다. 마치 학교에서 불량학생들이 아무 이유 없이 다른 아이들을 괴롭히는 것처럼, 사람들은 예술과 예술가들이 이해하기 힘들고 불필요한 것인 양 시험해 보고 조롱하고 코웃음 친다. 사람들은 필요하면서도 이해하지 못하는 것에 대해 두려움을 느끼는 것이다. 예술은 필요한 것이다.

내 생각에 인간이 인간다울 수 있게 만드는 첫 번째 요소는, 인간이 예술을 창작한다는 점이다. 동굴벽화나 밤하늘의 별자리에 얽힌 이야기들, 사냥이나 아이의 탄생과 관련한 구전가요 등과 같은 것들 말이다. 노스웨스턴 대학에서 내 공연예술연구 관련 담당교수셨고, 이미 작고하신 민속학자 드와이트 콩쿼굿Dwight Conquergood 교수님은 인간을 호모 내러투스라고 부르는 것이 마땅하다고 말씀하시곤 했다. 동물 중에서도 똑바로 서서 움직이고 도구를 사용하는 예는 있지만, 우리가 아는 한 인간이 하듯이 이야기를 하는 동물은 없다는 이유에서이다(그런데 돌고래도 이야기를 하고 침팬지는 거짓말에다 농담까지 한다는 증거가 속속 드러나고 있어서 두고 볼 일이기는 하다).

우리 인간들은 다른 인간들에게 끝없이 관심을 보인다. 우리는 그들의 이야기를 텔레비전에서 보고 싶어 하고, 그들에 대한 농담을 즐기며, 그들의 사연이 담긴 노래를 듣고 싶어 하고, 그들을 묘사한 책을 즐겨 읽으며 창 너머를 훔쳐보기도 하고 술집에서 남이 하는 이야기를 엿듣기도 한다. 다른 사람들에 대한 정보를 얻고자 하는 우리의 갈증은 가실 줄을 모른다. 그런데 그러한 갈증을 해소해 주는 것이 바로 예술이다.

아무도 우리 인간들이 우리를 투영해서 표현하는 능력을 가지게 된 이유를 알지 못하지만, 어쨌든 우리에게는 그런 능력이 있다. 무당이나 신비주의자나 사제들처럼 예술가들은 우리 인간들에게 우리의 존재를 설명해준다. 그러니 다른 사람들이 야유하는 대로 그냥 두어라. 그들은 예술가들을 조롱할 수는 있을지언정 우리 없이는 못살 것이다.

예술을 억압하고 판단하고 비평하고 조롱하려는 충동들이 단시일 내에 사라지지는 않을 것이다. 그리고 우리 스스로 그런 상황을 불러들이는 것도 사실이다. 그렇지 않은가? 우리는 스스로 작품을 꺼내다가 시 경연대회나 미술 전시회, 콘서트홀 등에 내보인다. 그렇게 다른 사람들이 썩은 토마토를 던질 수 있도록 초대해 준다. 하지만 장미가 오는 경우도 있다. 때로 그들은 장미를 던져주기도 한다. 그리고 때로는 돈을 던져준다. 일단 그렇게 되면, 누구도 다시는 당신을 배고픈 예술가라고 부르지 못할 것이다.

대중이 원하는 것이 무엇인지는 말하기 어렵다. 위대한 후기 인상파 화가 빈센트 반 고흐는 그의 고된 생애 내내 무일

푼으로 고생했다. 그가 죽은 후 세월이 흘러 이제 그의 작품은 포스터며, 열쇠고리, 달력, 티셔츠 등 안 쓰이는 곳이 없다. 그 모든 가치는? 환산이 불가능하다.

실제로는 당신 예술이 돈이 될 수도 있고 되지 않을 수도 있다. 그리고 당신은 아마도 돈이 되든지 말든지 개의치 않을 수도 있다. 예술 작품을 만드는 것이 사랑하는 사람에게 선물로 주기 위해서이거나 순수하게 창작의 기쁨을 맛보기 위해서일 때, 돈을 위해 작업하는 것과는 비교할 수 없는 환희를 안겨줄 것이다. 당신이 작품을 하며 찾아낸 그 환희를 누구에게도 빼앗기지 말기를 바란다. 그 환희를 돈 따위에게 빼앗기지 말아라.

돈에 따라 달라지는
당신의 세상

언급했던 바와 같이, 나는 예술가라면 모두 돈과 관련해서 구제불능이라는 오랜 신화를 듣는 데 지쳤다. 예술가들이 돈을 벌어들이지 못하고, 벌어들일 능력도 없고, 장래에도 벌어들일 일 따위 없을 거라는 믿음은 정말 진절머리가 난다.

사실 모든 직업들은 연봉 상한선이 있다. 당신이 회사 CEO라고 하더라도 당신이 받게 될 돈은 한계가 있다. 하지만 예술가들은 돈을 무제한으로 벌어들일 수 있다. 특히나 요즘처럼 인터넷이 우리에게 휘두를 고삐를 손에 쥐어주고 작품을 직접 배급할 수도 있는 세상이 왔으니 말이다. 실제로 우리는 돈을 번다. 때로는 많은 돈을 벌기도 한다. 돈을 운용하는 면에서 예술가들은 다른 사람들보다 더 잘나지도, 그렇다고 더 못나지도 않았다.

어떤 예술가들은 생존을 위해 보수가 작은 직업을 전전하거나 뜨내기로 지내면서 어쩌다 가끔씩 나오는 일거리에 목을 매다가 자신들이 성공할 수 있는 기회를 오히려 놓치고 만다. 하지만 가난하기 때문에 얻게 되는 것도 있다. 혹시 당신도 생각나는 게 있을까? 내가 떠올린 것들은 다음과 같다.

- 가진 것이 없으면 쓰레기도 덜 만들고 낭비도 하지 않게 된다. 당신은 환경을 생각하는 사람이다

- 일확천금을 노리고 큰 돈을 날릴 위험이 거의 없다.

- 광고에 현혹되는 법이 없다.

- 물건을 저렴하게 구입하는 요령이 생긴다.

- 주식시장이 무너질 때 어깨를 으쓱하고 넘겨버릴 수 있다.

- 무에서 유를 창조하는 요령이 생긴다.

- 기쁨을 나누는 삶을 산다. 여럿이 십시일반 음식을 가져와서 나누어 먹는 저녁식사 자리나 소풍이 출장요리사가 차려낸 음식을 먹는 딱딱한 자리보다 같이 나누는 즐거움은 훨씬 클 것이다.

- 당신은 물질보다 경험의 가치를 더 높이 평가하게 될 것이다.

- 저렴하면서 기가 막힌 세계 각국의 민속음식이 있는 곳을 알게 될 것이다.

- 중고가게와 미술재료판매점, 옷감가게 등에서 횡재를 낚을 기회가 펼쳐져 있는 새로운 세상을 발견하게 될 것이다.

- 직접 손으로 만든 선물을 즐겨 하게 될 것이고 그 선물들은 정이 듬뿍 담겨 있을 것이다.

- 돈이 있으면 많은 것들을 살 수 있지만, 그렇다고 창작을 하며 느끼는 충만감을 주지는 못한다는 것을 알게 될 것이다.

- 당신은 팁 주는 것에 인색하지 않을 것이며 특히 자선단체에는 넉넉한 마음으로 기부하게 될 것이다.

이제까지는 좋은 소식이었다. 나쁜 소식도 있는데 다음과 같다.

- 유행과는 거리가 먼 의상을 걸치고 다니게 된다.
- 홍보하는 데 충분한 자원을 투자하지 못할 것이다.
- 예금이 거의 없거나 바닥나 있고, 은퇴자금도 자녀들의 학자금도 준비되어 있지 않다.
- 오래되고 언제 고장날지 모르는 컴퓨터를 쓰고, 낡고 털털거리는 차를 운전하고 다녀서 활동에 제약이 있다.
- 중요한 시장 변화에 민감하지 못하다.
- 영향력 있는 사람들과 점심을 같이 하지 못한다.
- 시간제 저임금 일을 전전하면서 기술이나 재능을 극대화할 기회를 얻지 못한다.
- 재정적으로 불안정한 생활 때문에 만성적인 결핍에 고생한다.
- 자신을 돌보는 데 충분한 비용을 들이지 못한다. 마사지니, 비타민제, 휴가, 예방의학 등에 지불할 여력이 없다.
- 힘 있는 사람들이 모여 사교활동을 하는 자선 모임이나 여타의 행사는 고비용 때문에 참석할 일이 없다(돈이 있는 곳에 돈이 꼬이는 것인데 말이다).

- 금액을 충분히 높게 부르지 못하기 때문에 시장에서 저평가 받을 수 있다.

당신은 어떤 방식으로 돈을 사용할지 다양한 선택을 할 수 있다. 그런데 그 선택이 당신의 창작활동에도 영향을 미친다는 것이 보이는가?

당신이 형편에 맞지 않게 지출이 많은 사람일지도 모른다. 여력이 안되는데도 물건을 사들이면서 막연히 언젠가 잭팟을 터뜨려서 카드 빚을 청산할 날이 올 거라고 생각하는 사람일지도 모르겠다.

만약에 당신이 '일단 내가 부자가 되기만 하면 금전 문제는 사람들에게 관리하라고 넘겨버리겠어'라고 생각한다면 당신은 바보다. 자신의 돈을 관리하는 책임을 남에게 양도하는 사람은 그 부를 오래 유지하지 못한다. 책임은 대행이 가능할지 몰라도 양도 가능한 것은 아니다.

당신은 이렇게 말할지도 모른다.

"음, 난 금전문제에는 초월했어요!"

내 경험으로는 돈 걱정 따위 전혀 하지 않는다고 말하는 사람들이야말로 실제로는 걱정이 많다. 그리고 보통은 하루 벌어 하루 사는 처지에 있기 때문에 장기적인 전망을 고려할 여력이 없기도 하다. 장기적인 전망은 아주 잘난 사람들이 돈을 관리할 때나 고려하게 되는 것이다.

당신이 가난할 때 돈 관리가 제대로 되지 않는 사람이라면,
부자가 된다고 해도 돈을 제대로 관리하지는 못할 것이다.

＊ ＊ ＊ ＊ ＊

EXERCISE 10 : 내게 맞는 돈관리 시스템

당신이 재정을 관리하는 방식이 무엇이든지, 잔돈까지 꼼꼼히 챙기는 사람이든 습관적으로 큰돈을 써버리는 사람이든 상관없이 새겨 두어야할 사항이 있다. 당신은 자신에게 맞는 재정시스템을 정립시켜 왔다. 그렇다고 당신이 변화를 추구하지 않는다는 말은 아니다. 당신이 변화를 받아들일 자세가 되어 있다는 것을 나는 안다. 그렇다고 하더라도 정직하게 다음 질문들에 대답해 보자.

1. 당신의 재정상황과 당신이 자신과 자신의 작품에 대해
   어떻게 느끼는지와는 어떤 상응관계가 있는가?
2. 돈을 운용하는 데 있어서 당신에게 고착된 패턴들이 있
   다면 무엇인가? 그 패턴들이 당신에게 어떤 영향을 끼
   치는가? 그것들이 어떤 점에서 당신에게 도움이 안 된
   다고 생각하는가?
3. 당신이 재무관리하던 방식을 바꾸게 된다면 당신에게
   발생할 최악의 상황은 무엇인가?

183

4. 당신이 가진 지혜와 성숙과 재미 중 어떤 부분에 의지해서 재정을 관리하겠는가?

5. 재무관리 면에서 당신의 영웅은 누구인가? 오늘 당신이 그 사람을 따라 행동한다면 무엇을 어떻게 하겠는가?

'그건 감당할 수 없어' 패턴 부수기

    때로는 당신이 꿈을 실현하려고 결행하지 못하는 이유가 '나 이거 정말 하고 싶은데, 하지만 내가 감당할 수 없을 거 같아. 아 참, 정말 하고 싶기는 한데, 그런데 돈이 진짜 없는걸…… 하고 싶어…… 하지만 안돼…… 하고 싶어……하지만 안돼' 하는 생각을 무한히 반복하느라 그럴 수도 있다. 이런 상태에 빠지면 늑장을 부리게 되고, 자존감은 낮아지며, 상쾌하지 못한 기분이 되리라는 것이 당신에게도 분명히 보일 것이다.

    해야 하는 일을 더 쉬운 단계들로 나눠서 접근하는 방식으로 이 패턴을 벗어나 보도록 하자. 다음 실천과제는 당신이 프로젝트를 진행하는 데 필요한 경비를 정확하게 산출할 수 있도록 도와줄 것이다.

* * * * *

EXERCISE 11 : 재미있는 예산 수립하기

    이번 과제는 당신이 재미있고 직관적인 예산, 그리고 당신의 내적 자아가 관심을 보일 만한 예산을 수립하도록 도와줄 것이다. 계산기와 종이 한 장, 컬러 마커 펜을 준비해보자(미술 숙제하는 기분으로 하면 더 재미있을 것이다).

1단계. 희망 자재 목록 만들기

당신이 원하거나 이 프로젝트를 수행하는 데 필요한 자재들의 목록을 작성해 보자. 당신이 하려는 프로젝트가 집필하는 일처럼 아주 낮은 비용이 든다고 하더라도, 여전히 자료조사에 필요한 재료들, 프린터 잉크 카트리지, 일주일에 한 차례 카페에 가는 비용 등은 필요할 것이다.

간단한 브레인스토밍을 하는 걸로 생각하자. 무엇이든 지금 바로 준비하려는 것은 아니다. 그저 무엇이 필요할지 생각을 해두려는 것뿐이다. 만약에 "하지만 나는 그걸 감당할 수 없어!"라는 소리가 튀어나오면, 단지 재미로 하고 있을 뿐이라는 점을 기억하도록 하자. 당신에게 부여된 과제일 뿐이며, 어린 아이가 산타클로스에게 편지를 쓰는 것처럼 필요한 물품의 목록을 작성하면 되는 것이다.

만약 당신이 정확한 비용을 모르는 항목이 있으면, 그냥 추측해서 써라. 어차피 숫자는 나중에 다시 맞춰보게 될 테니 말이다. 괜히 이것저것 조사하면서 주의력이 흩어지는 것을 바라지는 않는다.

2단계. 희망 인력 목록 만들기

다음으로 당신이 고용해야 할 인력을 정리해 보자. 그래픽 디자이너, 연구 보조원, 사업고문, 편집자, 당신이 말하는 걸 받아 적을 사람, 당신이 일하는 동안 아이들을 돌봐줄 보모, 가창 선생님, 미디어 코치, 홍보회사, 가상의 비서, 웹 디자이너 등이 필요할 수 있다. 어쩌면 유능한 정신약리학자도 필요할지 모르겠다. 누구든 당신의 프로젝트를 세상 밖에 내놓는 데 도움이 될 사람이라면 목록에 넣어두도록 하자.

인력을 고용하는 데 필요한 비용을 모를 때는 그저 추측하도록 한다. 당신의 직관은 예리해서 거의 근접하게 나올 것이다. 숫자야 나중에 언제든 고쳐 넣으면 된다.

3단계. 놓치게 되는 수입 정리하기

마지막으로 이 프로젝트에 들어가면서 놓치게 될 수입들을 정리해 보자. 달리 말해서 당신이 새로운 일에 얼굴을 내밀자면 바에서 하던 아르바이트를 그만두어야 할 수도 있다. 그렇게 되면 당신은 결과적으로 일정량의 수입을 포기해야 한다. 그 금액을 적어 보자.

또는 당신이 더 큰 꿈, 더 규모가 있는 일에 집중하느라고 작은 규모의 프로젝트들을 접게 될 수도 있다. 예를 들어 결혼 반지 제작을 맡아서 자잘한 장신구들의 제작을 미루게 되는 것이다. 여하간 당신이 이 프로젝트만 아니라면 벌어들일 수 있었던 돈도 예산의 일부이다.

4단계. 합계내기

1, 2, 3단계를 합쳐서 총합을 계산해 보자. 어떤가! 당신 프로젝트의 예산이 수립되었다.

충격적인가? 감탄스러운가? 즐거워졌는가? 액수가 당신이 상상했던 것보다 훨씬 많거나 훨씬 적은가? 아니면 당신은 진작에 그 금액이 나올 거라고 예상하고 있었나?

이제 이렇게 나온 숫자들을 가지고 조금 장난을 쳐보자. 만약 당신이 이 예산에 열 배를 해보면 무슨 일이 생길까? 백 배를 하면 또 어떻게 될까? 당신의 작품이 세상에 어떤 영향을 줄 수 있을까?

자금을 어디서 어떻게 조달할지 너무 고민하지 마라. 아직은 당신은 모르고 있는 게 맞다. 조금 있으면 그 문제로 넘어갈 것이다. 하지만 지금은 당신의 프로젝트가 가진 잠재력에 한껏 취해 보자.

당신의 프로젝트에 이런 식으로 접근해 보니 느낌이 어떤가? 만약에 당신이 마법처럼 필요한 모든 자금을 모으게 된다면 당신의 모습, 행동, 생각에 어떤 변화가 올까? 당신의 프로젝트가 자금지원을 확보하고 난 후에는 당신은 어떤 사람이 되어 있을까?

숫자로 적어 놓아서 좋은 점

예산을 작성해 놓는 것의 또 다른 장점은 프로젝트에서 필요한 실제 자원과 금액이 당신 눈앞에 선명하게 드러난다는 것이다. 예산액이 어마어마하게 나왔다 할지라도 적어도 당신이 보고 있는 것이 무엇인지는 알게 된다. 만약에 당신이 5,000달러짜리 예산을 작성해 놓았는데 현재 손에 쥔 금액은 100달러밖에 안된다면, 4,900달러를 모으기 위해 창의성을 발휘해야 한다는 것을 알 것이다.

다양한 보완 기능들 덕분에 당신의 뇌는 찾고 있는 것에 민감하게 반응하도록 만들어져 있다(그런 이유로 당신이 단어를 새로 하나 익히게 되면 갑자기 사방에서 그 단어를 보게 되는 것이다. 또 당신이 새 차를 사면 갑자기 사방에서 같은 차만 눈에 띄는 것도 그런 이유이다. 패턴을 분석해내는 뇌의 놀라운 능력이 발휘되는 것이다).

그러니까 당신이 '어디서 4,900달러를 구하나?'를 궁리하기 시작하면, 당신이 그 대답을 내놓게 되리라고 나는 확신한다. 그 대답대로 따를 수도 아닐 수도 있다. 하지만 적어도 당신에게 선택권이 생기는 것이다.

내 친구인 스테프 터스는 정말 유능한 사업고문인데, 때로 상담인에게 필요한 자금을 모을 수 있는 서른 가지 방법을 적어보라고 권한다. 비실용적인 아이디어, 엉뚱한 아이디어, 절대 하지 않을 것 같은 아이디어까지 다 포함해서 적은 후에, 그 중에서 하나를 뽑아서 실행해 보라고 한다. 그녀가 하는 말에 따르면, 사람들이 열린 마음으로 이 과정에 임했을 때, 정말 놀라울 정도로 신속하게 자금을 확보한다는 것이다.

당신이 꿈을 향해 확실하게 한걸음 내딛게 되면,
종종 우주가 감응해 오기라도 하듯이 기대치 못한 도움을 얻기도 하고
운 좋은 만남을 가지기도 하고 넘치도록 지원을 받게 된다.
그런데 첫걸음은 당신이 떼어야만 한다.

선택의 여지가 있다는 것이 "나는 이걸 하고 싶은데 하지만 그걸 감당할 능력이 없어……"를 반복하면서 머뭇거리고 있는 것보다 훨씬 더 낫다. 더구나 그렇게 반복해서 되뇌이다 보면 패턴을 좋아하는 당신의 뇌가 당신이 원하면서 감당할 수 없는 것들을 더 많이 대령해 놓을 것이다.

내가 내심 믿고 있는 게 있는데, 실제 숫자를 적는 행동이 저 깊은 곳 내면 속 자아의 관심을 끈다는 것이다. 당신의 내면 속 자아는 당신이 할 수 있다고 염원하는 소리에 인이 박혔을 것이다. 하지만 일단 당신이 실제 숫자를 적어 넣기 시작하면 전혀 다른 문제가 된다.

"와우! 이제 정말 일을 하려나 보네! 그럼 나도 한번 시작해 볼까?"라고 당신 내면의 자아가 말할 것이다. 그리고 당신은

갑자기 당신의 완전체로부터 지원을 얻게 될 것이다.

마침내 마법처럼 무언가 나타나서 당신이 무엇을 필요로 하는지 명확하게 파악해 주고, 그 다음으로 그것을 이룰 수 있도록 행동에 나서기까지 하는 것이다.

즉석에서 수족관 구하기

몇 해 전에 암스테르담에서 작업하는 아주 멋진 사진작가와 일할 기회가 있었다. 그녀는 예술적인 도전의 일환으로 물과 빛을 소재로 작업해 보겠다고 결정했다. 그녀는 이 프로젝트에 들어가는 예산을 수립하면서 수족관 구매 비용을 넣었다. 당신이 아는지 모르겠지만, 수족관은 작은 돈으로 구입할 수 있는 품목은 아니다. 암스테르담에서는 특히나 말이다. 그녀는 프로젝트에 대한 결의에 차서 흥정을 위해 직접 수족관 가게를 찾아갔다.

그런데 가게에 들어서자마자 요가를 같이 다니는 친구를 만나게 되었다. 그 친구가 "안녕하세요? 물고기 사러 왔어요?"라고 말을 걸어 왔다.

"아니요, 사진찍는 데 필요해서 수족관을 사러 왔어요. 좀 실험적으로 해보려고요"라고 내 친구가 대답했다.

그랬더니 그 요가 친구가 "그래요? 집에 안 쓰는 수족관이 하나 있는데, 오후에 실어다 줄까요?"라고 말한 것이다.

물론 당신이 필요로 하는 자금과 자원을 명확하게 해놓는다고 해서 그 즉시 하늘에서 그것들이 뚝 떨어질 거라는 보장은 해줄 수 없다. 하지만 그런 일이 실제로 생기는 경우를 많이 본 건 사실이다. 당신도 아마 이런 경험이 있을 것이다. 자격에 꼭 맞는 사람이 제 때에 나타나거나 옆집 창고 세일에서 필요한 것을 발견하는 일 등의 경험 말이다.

이제 예산안이 준비되었으니 창의성을 발휘해서 자금이 미확보된 요소들을 해결할 방책을 찾아보도록 하자. 집행할 때까지 아직은 시간이 있는 항목이나 또는 비용을 절감할 수 있는 항목이 있을까? 아는 사람이 필요한 장비를 빌려줄 수는 없을까? 쓸 수 있는 편법이 있을까? 종이책을 출판하기 전에 e북으로 먼저 출시하는 경우처럼, 부분적으로 해놓을 수 있는 일이 있을까?

이런 저런 시도를 해보고, 믿을 만한 조언자를 찾아서 예산안을 같이 검토해 보자. 대안을 제시받을 수도 있고, 새로운 전략을 세울 아이디어를 얻게 될 수도 있을 것이다.

> 당신이 필요한 것이 무엇인지 정확히 알게 되면
> 당신은 필요한 것을 정확하게 찾을 수 있다.
> 애매하게 남겨놓게 되면 진전이 없게 된다.

ACTION STEP

종이를 한 장 가져다가 당신이 정말 원하는 데 비용이 걱정되는 품목의 가격을 적어보자. 그리고 그만한 돈을 모을 방법을 최소한 열 가지 정도 모색해 보자. 이 과정을 거치면서 어떤 기분이 드는지 잘 살펴보자.

PART. 9

어디서
시간을
빼낼까?

Get it done

큰 일을 앞에 두고, '그건 감당할 수 없어' 다음으로 잘 나오는 핑계거리가 '시간이 없어'이다. 이번 장은 당신의 스케줄을 관리해서 당신에게 가장 중요한 일을 하는 데 시간을 낼 수 있도록 해주는 몇 가지 새로운 방법(그리고 정말로 재미있는 방법)을 제시해줄 것이다.

시간은 다
어디로 가버리는 걸까?

일주일에는 168시간이 있다. 더 정확하게 말하자면, 일주일에는 겨우 168시간 밖에 없다. 6시간씩 잠을 잔다고 가정하고 42시간은 빼놓자(적어도 8시간의 수면을 취해야 한다는 것은 나도 안다. 그리고 아주 권장하는 바이다. 하지만 내가 아는 대부분의 사람들은 일과 가정생활을 영위하느라 평균적으로 6시간을 잔다). 그러면 이제 126시간이 남는다. 아침을 준비하고 밥을 먹는 시간 30분, 점심 30분, 저녁 30분도 빼놓도록 하자. 그런데 일주일에 적어도 세 번은 점심을 건너뛴다고 가정하자. 그러면 12.5시간이 소요되고 우리에게 남는 시간은 113.5시간이 된다. 여기다가 당신이 직장이 있으면 일주일에 40시간을 잡게 되고, 출퇴근 시간으로 하루 한 시간씩을 더 생각해야 한다. 당신이 하루 두 시간 정도 텔레비전을 보게 되면, 14시간이 또 빠지게 된다(2012년 9월에 나온 닐슨 미디어 리서치에 따르면 텔레비전을 보는 미국인들의 평균시청시간은 이보다 훨씬 많다. 평균 시청시간은 하루 4시간 51분에 이른다).

당신이 교회나 사원에 다니는 경우나 다른 어떤 영적이 모임이 있는 경우도 시간 반 정도를 쓰게 되고, 정기적으로 운동을 하는 경우 또 세 시간을 빼놓아야 한다. 거기다가 공과금을 내고, 전화통화를 하고, 개를 산책시키고, 아이들과 놀아주고, 이메일을 확인하고, 영화 보러 다니는 시간 등도 필요할 텐데, 이제 일주일에 남은 시간은 17시간이고, 그 안에 교통이 막히는 경우도 생기고, 연애도 해야 하고, 페이스북도 확인하고, 친구와 커피 한 잔하고, 장도 봐야 한다.

어떤가? 그러니 당신이 하지 못한 일에 자책하는 일을 그만두자. 그 일을 할 시간을 낸다는 것은 정말 장난 아니다.

다른 한편으로, 우리에게 중요한 일이 생기면 우리는 어떻게든 시간을 낸다. 중요한 다른 일들을 제쳐두고서라도 말이다. 수면시간을 한 시간 희생하고 일찍 출근해서 학교 자모회에 참석할 시간을 벌기도 하고, 운동하는 시간을 희생해서 사랑하는 사람과 붙어있을 시간을 벌기도 한다. 창작활동에 할애할 시간을 희생해서 연속극을 볼 수도 있다(나는 텔레비전을 사랑한다. 우리 문화의 중요한 한 축이고, 미디어에 경험 있는 입장에서 볼 때 갈수록 더 흥미롭다. 하지만 시간 잡아먹는 귀신이기도 하다).

분 단위로 계산하자

우리는 몸무게를 줄이려고 할 때 칼로리를 계산한다. 돈을 모으려고 하면 원 단위로 계산한다. 가용할 수 있는 시간을 만들어 내고 싶을 때는, 분 단위로 계산하면 된다.

다음 월요일부터 시작해서 일주일 동안 시간 일기를 써보면 좋겠다. 매일 하루 일과 후에 달력을 점검하고, 하루를 돌이켜 보고, 그날 각각의 일과에 몇 분씩을 소요했는지 기록해 보자.

시간을 대충 어림잡아 쓰고 싶은 충동이 생기면 그렇게 해도 좋다. 하지만 각각의 일과에 정확하게 얼마만큼의 시간이 소요되는지 알고 있는 것이 엄청나게 유용하다는 것을 당신도 알게 될 것이다. 당신이 작품 활동에 할애할 시간을 늘리고 싶다면, 그 시간은 다른 어딘가에서 빼내와야 할 테니 말이다.

한 가지 전략은 타임 퀼트를 만드는 것이다. 타임 퀼트는 당신의 한 주 일정을 일과별로 색색깔로 칠해놓은 시간표이다. 낮에 직장에서 일하는 시간을 파란색으로 칠하고, 운동시간은 주황색, 종교활동은 노란색, 가족이나 친구와 보내는 시간은 분홍색, 이렇게 칠해나가는 것이다. 하다보면 빈 곳이 거의 남지 않을 것이다. 그렇지 않은가?

당신의 주간 일정을 타임 퀼트로 들여다 보면 당신이 시간을 어떻게 활용하고 있는지와 어디서 얼마만큼의 시간을 조정할 수 있을지를 시각적으로 한눈에 볼 수 있을 것이다.

역설계 활용하기

또 하나의 전략은 프로젝트와 관련한 일과표를 역설계 방식을 적용해서 최종 목표에서 시작하도록 작성하는 것이다. 이를 통해서 프로젝트를 매일 분담해서 할 수 있는 간단한 단계들로 나눌 수 있고, 무엇이든 마지막 순간까지 미루다가 막판에 몰아서 해치우는 고질병을 고칠 수 있을 것이다.

일과표를 역설계하는 것은 내가 생산성을 높이기 위해 즐겨 채용하는 전략이다. 기본적으로 끝에서 시작해서 반대방향으로 계산하는 것이다. 나는 이 방식을 규모가 큰 프로젝트는 말할 것도 없고, 하루 일과표를 작성할 때에도 적용한다.

2월 22일 금요일에 저녁식사 모임을 잡고 초대장을 발송하고 싶다고 하자. 전 날쯤에는 최종 참석 인원이 결정되어야 하니, 21일 일정표에 '참석 여부 통지 받은 것 확인하기'를 넣어 놓아야 한다. 그게 가능하려면 초대장을 2주 전에는 발송해야 할 테니, 8일의 일정에는 '우체국 가기'가 들어가게 된다. 그 말은 7일까지는 초대장에 주소 적고 우표 붙이는 등의 준비를 마쳐 놓아야 한다는 것이다. 그러니까 5일 정도에는 '인쇄소에 초대장 받아오기' 일정을 넣어 놓을 필요가 있다. 그러기 위해서는 1월 29일까지는 초대 손님의 최종 명단이 나와야 한다. 이제 1월 27일 정도에는 초대 손님의 일차 명단이

나와줘야 한다는 것을 알 수 있고, 나는 그 즈음에 일정을 잡아 놓을 수 있다.

이렇게 일정표에 준비해 놓으면 때를 놓치지 않고 일을 진행할 수 있으며 미처 고려하지 못한 지연이 발생해도 유연하게 대응할 수 있다. 나는 항상 만약을 대비해서 삼사 일 정도 여유를 둔다.

나는 하루 일정을 계획할 때도 종종 역방향으로 적어 나간다. 예를 들어 내가 아침 10시에 브렛과 약속이 있다면, 내 아침 일정은 다음과 같을 것이다.

- 10:00 AM   브렛과 만남
- 09:50 AM   주차
- 09:20 AM   브렛의 집까지 운전
- 09:10 AM   가는 길과 교통상황 확인
- 08:10 AM   샤워하고 차려 입기
- 07:45 AM   차 마시고 명상
- 07:00 AM   기상 후 아침 해변가 산책

그렇다. 나는 정말 거의 매번 이렇게 작성한다. 역방향으로 생각하다 보면 '내일 약속에 필요한 메모를 가방에 넣어두었나?'라거나 '차에 기름 넣을 때가 되지 않았나?' 등과 같은 다른 유용한 생각들이 떠오르기도 한다.

일정을 역방향으로 생각하게 되면 또한 주차장을 찾는 일과 같이 시간을 잡아먹을 수도 있고, 혹시라도 챙겨 놓지 않은 경우 지각을 하거나 진이 빠지게 될 수 있는 일들을 위해 여분의 시간을 챙길 수 있다.

어느 날 밤 나는 습관적으로 지각을 일삼는 여자 친구에게 생일을 맞아 식사와 공연을 대접했는데, 우리가 커피까지 다 마시고 로비로 나가는 중에 그녀가 그날을 이렇게 평했다. 늦어서 헐레벌떡 다니지도 않았고, 공연 처음 순서를 놓치지도 않았고, 꽁지에 불붙은 것 마냥 주차장에서 이리저리 박고 하면서 기분 상하는 일도 없었다는 점이 신선했다는 것이다.

"그럴 수밖에! 우리가 7시 55분까지 자리를 찾아 앉아 있으려면 식당에서 7시 45분에는 나와야 했고, 그러려면 6시 30분까지는 이곳에 와야 한다는 말이잖아. 그래서 내가 너를 5시 45분에 데리러 간 거야."

"하지만 내가 옷을 차려 입느라고 좀 늦었잖아!"

그 친구가 웃으며 말했다.

"알아, 네가 만약 시간을 지킬 거라고 생각했으면 내가 너를 6시에 데리러 갔겠지. 하지만 네가 늦을 것 같아서 내가 15분 여유 있게 간 거야."

그 친구는 내가 무슨 요술쟁이라도 되는 것처럼 쳐다봤다.

마감시한이 부리는 마법

일정을 역설계해서 수립해서 얻게 되는 또 다른 아주 큰 이점은 그렇게 하려면 마감시한을 두어야 할 필요가 생긴다는 점이다. 마감시한이 생기면 정말 좋은 점이 있다. 마감시한은 우리가 행동에 나서도록 해준다. 우리의 바퀴를 구르게 만들고, 게으름을 피우고 있다면 이를 일깨워준다.

사람들이 나에게 종종 이렇게 말한다.

"마지막 순간이 올 때까지 아무 것도 하는 법이 없다니까요."

나는 마지막 순간이 올 때까지는 누구든 아무 것도 하지 않는다고 말해주고 싶다. 여기서 '마지막 순간'이라는 것이 어떤 사람들에게는 다른 사람들보다 조금 이르게 온다. 우리가 아는 지인 중에는 크리스마스 선물을 8월에 준비하는 사람도 있을 것이다. 그런 사람의 경우는 내면의 재깍거리는 시계가 '미리' 또는 '제 시간에'라고 하는 것조차 '늦게'라고 하는 것처럼 들릴 것이다. 이런 사람들은 제쳐두고 당신은 '마지막 순간'이라는 것을 느낄 때라야 비로소 행동에 나설 때라는 것을 알게 된다.

만약에 당신이 행동에 나서지 않았다고 파악이 되면, 당신은 잠시 그 이유를 분석해 보고 그리고 적절한 조치를 취할 것이다.

그냥 겁이 난 건가? 그렇다면 믿을 만한 친구에게 격려를 부탁하자.

정보가 부족한가? 15분(오직 15분만) 들여서 자료조사를 해 두자.

그저 흥미가 없나? 괜찮다. 그냥 엉망으로 해치워 버려라 (얼마나 많은 일들이 최소한의 노력만으로도 그럴싸하게 끝내게 되는 지 정말 놀라울 정도다. 사실이다. 시도해 보라).

마감시한을 정해놓지 않으면 아이디어들이 그냥 머릿속에 서 맴돌고만 있게 된다. 그건 사기저하를 불러오고 비생산적 이기도 하다. 마감시한을 정해서 역방향으로 계획을 작성해 놓게 되면 당신은 확실한 결과를 예측한 상태에서 일의 진척 상태를 파악하고 있을 수 있다.

일 줄이기

다음은 내가 많이 받는 질문이다.

15분의 시간을 낼 수 있게 도와 주세요! 사는 게 참 바쁘네요. 아이들, 우리집 개, 남편까지 챙겨줄 일이 왜 그렇게 많은지 미칠 지경이에요. 어떻게 시간을 좀 더 쥐어짜낼 방법이 없을까요?

이런 질문을 하는 상담객들에게 내가 주는 대답은 농담이 아니고 다음과 같다. "일을 줄이세요." 맞다. 그렇게 말했다.

일을 줄여라. 다음은 당신에게 일을 줄일 수 있는 방법을 보여주게 될 3단계 과제이다.

* * * * *

EXERCISE 12 : 그 일을 꼭 당신이 해야 하는 건가요?

1. 당신이 일상적으로 하는 일들을 모두 적어 보자. 다음과 같은 예가 있을 수 있겠다.
   - 카풀에서 운전 담당
   - 세탁
   - 공과금 내기

- 전화하기
- 집필하기
- 운동하기
- 우편물 챙기기
- 독서
- 고객 대응하기
- 아이들과 같이 놀기
- 여행 계획 세우기
- 자선행사의 자원봉사자 조직 편성하기
- 시장보기
- 저녁 준비
- TV 시청

2. 이제 당신만 할 수 있는 일에 별표(*)를 해보자. 위에서 별표가 표시된 항목은 다음과 같을 수 있다.
   - 집필하기
   - 운동하기
   - 독서
   - 고객 대응하기
   - 아이들과 같이 놀기

3. 별표가 없는 항목을 치워 버릴 수 있는 방법을 모색하자. 사람을 고용할 필요가 있는 일도 있고, 주변에 다른

사람에게 부탁하면 되는 일도 있을 것이다. 아이들에게 세탁하는 법을 가르치고, 자원봉사자를 같이 관리할 사람도 찾아보자. 그리고 당신의 완벽주의를 극복할 필요가 있다. 당신만큼 저녁 준비와 세탁물 정리를 잘 해낼 사람은 아무도 없을 거다. 하지만 잊지 말자. 당신에게는 요리해야 할 더 큰 물고기가 있다.

당신이 맘 먹고 노력하지 않는 한, 당신의 창작생활이 일상생활을 우선하게 되는 일은 결코 일어나지 않는다.

당신만이 할 수 있는 일은 당신이 해야만 한다.
누구라도 할 수 있는 일은 당신이 아닌 다른 사람이 해야만 한다.

거절하는 방법

정말로 많은 상담인들에게 듣고 있는 말인데 '사람들이 자꾸 뭘 해달라고 하는데……, 거절을 못 하겠어요'라고들 한다. 당연히 사람들이 당신에게 부탁할 것이다. 당신은 유능하니까 말이다. 거기다 당신이 다른 창의적인 사람들과 비슷하다면, 아마도 당신은 정해진 일정이 있는 사람은 아닐 것이다. 그러니 사람들은 당신이 노는 시간이 많을 거라고 생각한다.

싫다고 말하고 싶지 않은 마음은 이해한다. 나도 그렇다. 만약 당신이 나를 구석으로 몰아넣고 뭔가 부탁하게 되면, 나 또한 자동으로 하겠다고 말하게 될 것이다.

아주 여러 해 전에 심리상담을 받은 적이 있었는데, 한 번은 상담을 받는 중에 내가 연극에 출연하게 될 상황을 얘기하게 되었다. 그 연극은 평소에 출연하던 종류와는 거리가 있었다. 하지만 출연해 달라는 요청을 받아서 좀 우쭐했었다. 오디션을 받을 필요도 없었고 그들이 나를 초빙한 것이었다. 그리고 일단 들어가게 되면 아마도 좋은 시간을 보내게 될 거라는 것을 알고 있었다.

이런 맥락으로 나는 이게 '나한테 좋을 일인지 확신이 안 가느니, 바쁜 스케줄이지만 일단 하게 되면 어떻게든 해낼 수 있을 거라느니'하며 재잘거리고 있었다.

"샘,"하고 심리상담가가 내 말을 끊었다.

"내가 당신에 대해 좀 말해 줘도 될까요?"

"물론이지요."라고 내가 대답했다.

"당신은 뭔가 하고 싶을 때는 그냥 하더라고요. 머뭇거리지 않고 그대로 해버려요. 보통은 기록적인 추진력으로 하지요. 당신이 하고 싶지 않을 때는 …… 이렇게 말을 어물쩍거리더라고요."

그 사람은 그날 25달러의 가치를 했다.

내 인생에서 적어도 한 번 이상 '안돼'라는 부저가 내 안에서 크게 울리기를 들으려고 기다렸다. 그런데 내 안에 그런 부저는 없는 것으로 판명이 났다. 내가 가진 부저는 '그럼…… 가능할 수도 있겠어요. 해볼 수 있을 거 같아요. 그럼요, 괜찮을 거예요' 정도밖에는 말하지 못한다. 그런 애매한 말이 내가 할 수 있는 최대한의 '안돼'에 해당하는 의사표시였던 것이다.

이제 나는 아주 유의해서 나 자신에게 귀를 기울인다. 그리고 친구들과 동료들에게도 그렇게 해달라고 요청해 놓았다. 만약에 내가 조금이라도 머뭇거리면 그건 거절의 표시인 것이다. 그 일을 유능하게 잘 해낼 수 있다고 해서 그 일을 맡아 해야 할 의무는 없는 것이다.

대답하기 전에 검토할 시간을 가지는 것도 도움이 된다. 누가 나에게 부탁을 해올 때마다, 나는 이제 자동으로 이렇게 대답한다.

"나에게 그런 제안을 주서서 감사해요. 제 일정을 한번 살펴보고 오늘 중으로(아니면 주말 지나고 또는 뭐든 다른 기한으로)

답을 드릴게요."

그리고는 일정표를 검토해보고, 내 재정과 직관, 선호도 쪽으로도 걸리는 것이 없는지 살펴본다. 만약에 모든 부분에서 통과하면 연락을 해서 수락의사를 밝힌다. 하지만 거절하게 되는 경우엔 이렇게 말한다.

"다시 한번 제안에 감사드립니다. 하지만 제가 지금 당장은 그 일을 맡을 형편이 안되네요."

당신이 알아둘 일이 있다. 그렇게 거절했을 때 그 일로 인해 나를 힘들게 한 사람은 아무도 없었다는 것이다. 그 사람들이 내가 충분히 숙고한 결과라는 걸 알기 때문이다.

때로 당신이 그 자리에서 바로 거절하게 되는 경우 사람들은 당신에게 이렇게 말하면서 매달릴 것이다.

"제발 부탁할게요. 정말 재미있을 거예요. 또 아무개도 같이 할 거고, 당신이 빠지면 절대 안돼요."

그러면 당신은 또 어쩔 수 없이 끌려들어가게 될 것이다. 하지만 생각할 시간을 가진 후에 거절을 하면, 사람들도 자신들의 요청이 충분히 존중받았다고 느끼게 된다. 다음과 같은 말을 덧붙여도 좋다.

"다음에 다시 불러주세요. 네?"

그러면 사람들이 무척 기뻐할 것이다(하지만 당신이 정말 다음 기회를 기대하고 있을 때만 이렇게 말해야 한다).

이런 식으로 당신은 그 요청을 존중하고, 당신에게 부탁한 사람의 위신도 세워주면서 스스로의 위신도 높일 수 있다.

사람들에게
당신의 일정을 인지시키기

"아아아악!" 줄리라는 친구였다.

"고객들이 날 정말 미치게 만들어요! 끊임없이 전화해서 질문을 해대고, 게다가 '이거 해달라 저거 해달라' 요구가 끊이지를 않아요. 항상 바로 전화를 받는 편인데, 만약 한 시간이라도 자리를 비우게 되면 완전히 난리도 아니에요. '왜 전화를 안 받아요?'라고 따지는데, 정말 나도 내 시간이 필요하다는 걸 절대 생각해주지 않아요. 심지어 고객 한 분은 일요일 아침 8시에 전화해서는 광고전단지 배경색을 바꿔달라는 거예요. 참내, 도대체 누가 이런 사람들을 키워 내보낸 거예요?"

"그래서 일요일 아침 8시에 온 전화를 받았어요?"라고 내가 물었다.

"그럼요, 당연하지요. 고객이잖아요." 그녀가 대답했다.

"그럼 그 사람은 당신이 키웠네요."라고 나는 말해 주었다. "당신이 그녀에게 아무 때나 연락해도 바로 응대해준다고 가르친 셈이지요."

"오, 이런."

당신을 제대로 대우하는 방법을 사람들에게 인지시키자.

그리고 강아지를 훈련할 때와 마찬가지로 당신은 엄격하고 일관된 모습을 보여야 한다. 늦은 밤에도 문자는 허용해준다거나, 시간이 촉박하게 부탁받은 교정을 무료로 해준다거나 해서는 안 된다. 장려할 만한 행동에는 보상을 해주고 잘못된 행동은 무시할 수 있어야 한다.

다음은 내가 정한 규칙들이다. 얼마든지 무단 차용해도 좋다.

1. 나는 부재중 녹음 메시지에 다음과 같은 설명을 넣었다. 영업일 기준 24시간 이내에 전화 드리겠습니다. 만약 화요일 5시에 전화 주시면, 수요일 오후까지 연락을 못 받으실 수 있습니다.

2. 나는 이메일도 영업일 기준 24시간 이내에 회신을 보낸다. 때로는 작성을 해놓고도 기다렸다가 다음 날 아침에 보내기도 한다. 사람들이 즉시 회답을 받을 수 있다는 기대를 키우지 않도록 하기 위해서이다.

3. 내가 자리에 있을 때에도 특별히 전화를 받고 싶은 마음이 들지 않는 한 대부분의 전화는 음성 메시지로 받도록 한다.

4. 침실에는 전기용품을 두지 않는다.

5. 일요일에는 컴퓨터 사용을 피한다.

당신은 또한 당신의 영역을 확실하게 지킬 필요가 있다. 합의된 사항에 대해서 단호한 태도를 견지하는 것은 무례한 것이 아니다. 오히려 존경받을 미덕이다. 다음의 규칙들도 당신에게 쓸모가 있을지 고려해 보도록 한다.

1. 모든 만남, 워크숍, 회의는 정시에 시작하자. 그리고 모두의 동의 없이는 시간을 초과하지 않도록 한다.

2. 만약 스코프 크립_{처음에는 아주 간단한 일로 시작해서 나중에 이것저것 덧붙여나가서 결국 규모가 아주 큰 일로 만드는 사람}을 만나게 되면 곧바로 일에서 손을 떼고 그 의뢰인과 대화해서 정확하게 일의 범위를 정하고 그에 따른 비용도 재조정해야 한다.

3. 마감시한은 항상 여유 있게 잡아서 기한 내에 일을 마치도록 하자. 의뢰인에게 목요일에 끝내겠다고 하고 수요일에 끝내는 것이 그 반대의 경우보다 당신에게 더 나을 것이다.

4. 의뢰인들에 대한 벌칙 규정을 정해 놓자. 내 경우에는 상담인인데, 만약 상담인이 지각을 하면 그 만큼의 상담 시간을 놓치는 것이다. 만약 촉박하게 취소를 하거나 시간에 나타나지 않을 경우, 완전한 비용을 지불해야 한다. 만약에 진행에 필요한 자재를 제공하지 못할 때는 그에 따른 벌금이 있다. 경찰관 노릇을 하려는 것이 아니라, 정해진 시간을 확보하고 결정을 내리고 상담인에게 제대로 된 서비스를 제공하기 위해 그러는 것이다. 만약에 의뢰인이 나타나지 않거나 필요한 자재를 제 시간에 제공하지 않으면 문제가 된다. 그 사람은 당신의 시간, 관심,

지식 등을 산 것이지 당신에게 일을 주는 은혜를 베푼 게 아니다. 당신은 돈과 기술이 평등하게 교환되는 관계를 맺은 것이고, 당신은 일이 제대로 될 수 있게 같이 협력해 나갈 동반자이다. 당신의 의뢰인이 당신을 조금 두려워 하도록 두는 것도 괜찮다. 당신은 그 사람들이 알지 못하는 재능을 가진 사람이다.

5. 반대로 당신도 다른 사람들의 시간을 소중하게 대해야 한다. 미용실 예약이나, 저녁 식사 예약, 아이들의 발표회 등이 있으면 시간을 꼭 지키도록 한다. 심지어 일찍 도착하는 것이 좋다. 차 안에 앉아 십 분간 생각할 시간을 가지면, 정말 깜짝 놀랄 만큼 좋은 생각이 떠오른다.

만약 이 모든 문제들이 당신에게 해당되는 것 같더라도 걱정하지 마라. 만성적으로 지각하는 사람들도 성공할 수 있다. 단지 다른 사람들에게 시간에 대하는 당신의 융통성 있는 모습에 대해 양해를 구해 놓도록 하자. 그리고 할 수 있다면 당신의 모든 것을 훤히 알아서 보좌하고 관리해 줄 사람을 고용하는 것이 좋겠다.

ACTION STEP

당신의 일정에서 한 가지 일을 지워 버리자. 영구적으로.

PART. 10

공간
정리하기

Get it done

내 공간을 잡지책에서 보여주는 대로 반듯하게 정리해 놓는 것이 그렇게나 중요한 일이라고는 생각하지 않는다. 아마도 당신은 그 공간을 엉망으로 만들게 될 것이다. 아마도 거의 매일 그럴 것이다. 그래도 좋다. 어지럽혀진 공간은 삶이 있고, 활동이 이루어지고, 창조력이 발휘되고 있다는 신호이다.

그러니 모든 것을 완벽하고 깔끔하게 관리하지 못한다고 자학하는 것은 그만 두어라. 대신 그것들이 제 역할을 하고 있는지, 그렇지 못한 점은 무엇인지를 고민해 봐라. 만약에 물건을 어디다 두었는지 못 찾고 헤매는 일이 잦으면 그건 문제가 있다. 또 고지서나 중요한 서류들을 제때 처리하지 못하는 경우도 문제가 있다. 만약에 사방에 잡동사니가 잔뜩 쌓여 있어서 정리하기가 힘들다면 그것도 문제가 있는 것이다. 이것은 제대로 공간을 관리할 수 있는 시스템이 부재한 경우이다.

좋은 시스템,
나쁜 시스템

이제 당신에게 쓸 만한 시스템을 생각해 보자. 우리는 종종 좋은 시스템을 가지고 있어도 깨닫지 모르고 있는 경우가 대부분이다. 예를 들면, 당신이 좁은 공간에서 차를 잘 대려고 할 때, 자신만의 주차 시스템에 대해 인지하고 행동하지는 않는다. 그게 사실 좋은 시스템의 미학이다. 일일이 챙길 필요 없이 잘 돌아가기 때문에 머릿속으로 더 흥미로운 것들을 탐구할 수 있게 해준다. 예술이 그러하듯이.

좋은 시스템의 예를 살펴보도록 하자.

• 사샤는 필름현상기에서 사진을 뽑아내는 즉시 봉투에 날짜와 간단한 설명을 적어 놓는다. '2013. 6. 졸업식', '2011. 10. 버몬트 휴가여행', 그런 다음 거실 책장 바닥칸에 있는 상자에 날짜 순서로 정리해 놓는다. 바닥 칸에 둔 것은 어린 여동생이 사진 보는 걸 좋아하기 때문이다. "사진앨범은 좀 부담스러워요"라고 사샤가 고백했다. "애초에 별로 좋아하지 않았어요. 앨범을 사다두어도 잘 쓰지 않아 사진들은 마냥 쌓여 갔어요."라며 그녀는 웃었다. "그래서 시스템을 개발한 것이지요. 앨범처럼 예쁘지는 않

지만 나에게는 딱이에요!"

- 토마스는 요금고지서를 받으면 바로 열어 본다. 심지어 외투를 벗기도 전에 말이다. 그리고 바로 납기마감일을 확인한다. 그런 다음에 납부해야 하는 날짜를 봉투 겉면에 기록해 둔다(보통우편으로 납부하는 경우 마감일 10일 전, 온라인 결제인 경우는 마감일 4일 전으로 정한다). 그러니까 납부 마감일이 8월 14일인 전화요금의 경우 봉투에는 '8/4'이라고 적는다. 그 다음에 토마스는 봉투를 책상 위에 있는 투명한 통에 보관한다. 그 통에는 각종 고지서가 납부마감일 순서로 정리되어 있다. 다음에 요금을 납부하려고 할 때, 토마스는 그저 그 통만 보면 된다. "문을 열고 들어가서 30초면 바로 처리해 놓을 수 있어요. 그러고는 어디 열어 보지 않은 시한폭탄이 잠자고 있는지 걱정할 필요 없이 편안하게 지낼 수 있어요."

- 스테파니는 잡지책을 사랑한다. 그래서 언제나 손 닿는 곳에 두려고 소파 옆 바구니에 넣어 놓는다. 바구니가 다 차게 되면, 그중 오래된 것 몇 권을 재활용 상자로 던져 놓는다.

인간은 모든 것에 시스템을 만든다. 어쩔 수 없는 속성이다. 당신은 당신만의 설거지 하는 시스템이 있다. 요금을 납부하는 시스템, 텔레비전에서 어떤 프로그램을 볼지 결정하는 시스템, 물건들을 관리하는 시스템 등이 있다. 훌륭한 시스템이 아닐 수는 있어도, 어쨌건 시스템을 가지고 있다.

물기를 닦은 후에 젖은 수건을 바닥에 던져 놓는 것도 시스템이다. 문제가 있는 시스템이지만 시스템인 것은 사실이다. 문제가 있다고 하는 이유는 단지 바닥이 어질러져 있어서가 아니다. 문제는 다음날 아침 샤워를 마치고 나왔을 때 마른 수건 대신 바닥에 구겨져 있는 젖은 수건을 써야 한다는 것이다. 또한 물기를 제대로 닦기 어렵다는 점도 문제이다.

좋은 시스템을 만들기 위한 첫걸음은 문제를 전체적으로 파악하는 것이다. 그리고 문제라는 단어를 쓰는 대신에 원하는 것이 무엇인지에 대해서 생각해 보자. 그러니까 당신이 바라는 것은 무엇인가? 여기서 바라는 것은 간단하다. 매일 아침 마른 수건으로 몸을 닦고 싶다. 그러한 바람을 충족시킬 수 있는 방법은 많다.

- 수건을 매일 새로 산다.
- 수건 일곱 개를 사다가 샤워기 옆에 쌓아두고 욕조 옆에 는 빨래통을 가져다 놓고, 일주일에 한 번 한꺼번에 빨래 를 한다.
- 샤워기 옆에 건조기를 설치해서 매번 사용한 후에 바로 건조시킨다.
- 젖은 수건을 수건걸이에 잘 펴서 걸어 놓는다. 다음날 아 침에 다 말라 있을 것이다.

해결책 중 몇 가지는 그다지 실용적이지 않지만, 그래도 누군가는 사용할 수도 있을 법한 것들이다. 이제 아까의 좋은 시스템의 예를 다시 검토해서 그 시스템을 훌륭하게 해주는 요소들이 무엇인지 찾아보도록 하자.

- 모든 시스템들은 시간을 적절하게 사용한다. 다들 겨우 몇 초 밖에 걸리지 않고 즉시 이루어진다. 사진/요금고지서/잡지책 등이 거실탁자 위에 어질러질 일이 없다.
- 모든 시스템은 보관함을 사용한다. 사진은 상자에, 고지서는 통에, 잡지책은 바구니에 넣어 놓는다. 그리고 그 보관함은 적당한 크기인데다 적당한 장소에 놓여 있다.
- 모든 시스템은 우리가 생각하는 수고를 덜어준다. 다른 말로, 제목 '2011. 10. 버몬트 휴가여행'을 주고 마감시한 '8/4'을 정해서 표제어로 달아 놓으면, 한번 보기만 해도 무엇인지 알아볼 수 있다. 매번 일일이 살펴보고 고민할 필요가 없다. 스테파니는 잡지책을 갖다 버려야 할지 말지 고민하느라 시간을 허비할 필요가 없다. 머리 쓸 일이 없다.

중요하지 않은 물건들은 치워버릴 수 있는 수양을,
기쁨을 안겨주는 물건들을 음미하는 자유를,
그리고 어질러져 있어도 남에게 해될 일 없는 물건들에 대해
걱정하지 않을 수 있는 참을성을 주세요

이제 당신이 가지고 있는 시스템 중에서 어떤 것이 제 역할을 하고 있는지 그리고 그 이유가 무엇인지 알아보자. 다음에 나오는 질문 세 가지에 대답해 보도록 하자.

1. 당신이 가진 좋은 시스템 세 가지는?
2. 어떤 점이 좋은가? 왜 제대로 돌아가는가?
3. 이것들이 가지고 있는 공통점은?

이제 당신 생활 속에서 개선이 필요한 공간을 떠올려 보자. 그리고 다음 문장을 완성해 본다.

내 공간이 _____한 느낌이었으면 좋겠다.

그러면 나는 _____을 할 수 있다.

'난장판 치우기', '정리정돈하기' 등과 같은 것은 어쩐지 흥이 나지 않고 흥미를 일으키지 않는다는 점에서 프로젝트 제목으로는 적당하지 않은 것들이다. 왜 당신이 난장판을 치우고 싶은지 그 이유를 고민하면 훨씬 적당한 프로젝트 제목을 생각할 수 있고 훨씬 흥미로운 목표를 설정할 수 있게 된다.

이제 우리는 그냥 '정리 정돈'을 하는 것이 아니다. 우리는 '개방적이고 친밀한' 느낌의 공간을 창조하는 것이다. 그래서 우리가 '부담없이 친구들을 초대'할 수 있도록 말이다. 치우는 일과 당신의 꿈과 가치를 실현하는 것을 결합시키면 행동에 나서도록 동기부여도 되면서 다시 구태로 돌아가는 것을 방지할 수도 있다.

이제 시간을 내자

정리하는 일은 시간이 걸린다. 그러니 제발 충분한 시간을 낼 수 있을 때까지는 시작하지 마라. 그게 아니면 매일 짧은 시간을 내서 간보는 정도의 일만 하는 방법도 있다. 옷장, 신발장을 전체적으로 정리하는 대신 그저 신발만 정리만 하는 것이다.

에린이라는 친구가 있는데, 그 친구는 5분씩 짜투리 시간을 내서 완벽하게 집 정리를 끝냈다. 그 당시에 그녀는 재택근무를 했는데 걸음마하는 사내 아이 둘을 키우고 있었다. 그래서 15분의 시간을 내는 것도 부담스러운 상황이었다. "하지만 5분 정도면 나도 가능할 거 같아요." 그녀는 말했다.

"타이머를 이용했어요. 그게 다였지요. 타이머에 '시원하게 열린 공간'이라고 써서 붙여놓고 하루에 한두 번씩 작동시키면서 하나씩 해나갔어요. 그릇장의 은식기를 정리하거나 책장 한 칸을 정리하는 식으로 말이에요. 애들도 같이 했어요. 걔들한테는 무슨 재미있는 놀이 같은 거였지요. 우리는 요새도 그러고 놀아요. 여덟 달이 걸렸네요. 그래도 끝내고 나니 무슨 잡지책에서 튀어나온 집 같더라구요. 엄마가 와서 보고는 믿을 수 없어 하셨어요. 그때 정말 기분이 좋았지요."

또 다른 좋은 전략은 같이 할 만한 사람을 초대하는 것이다.

손님방의 옷장을 비워버리는 일의 경우 가능할 수 있겠다. 그런데 분명히 할 점은, 일을 도와달라고 부탁하는 것이 아니라 그저 당신이 일하는 동안 자리를 지키고 앉아서 담소를 나누자고 부탁하는 것이다. 두 가지 이유에서 매우 효과적인 전략이다. 첫째, 누군가를 불러 놓으면 시간을 비워두게 되고 다른 일에 한 눈 팔 일이 없다. 둘째, 누군가를 불러 놓으면 보통은 일을 미리 많이 해두게 되는데, 그 사람에게 현재 상태 그대로 보여주기가 창피하기 때문이다.

허영심은 참으로 훌륭한 동기부여책이다. 내 경우에는 카펫 청소를 하려는 목적으로 저녁식사 초대를 하기도 한다. 뇌물을 써도 좋다. 외부에 위탁하는 방법도 있다. 꼭 필요한 일이라면 돈 주고 사람을 쓰는 게 무슨 부끄러운 일인가? 청소와 정리와 관련한 문제라면 나는 어떻게든 되기만하면된다주의이다.

이제는 조금 내다버릴 때가 왔다. 당황하지 마라. '모두' 내다버리라고 말하지 않았다. 나는 그저 '조금' 내다버리자고 말했다. 숨을 깊이 한 번 들이마셔라. 쉬는 시간을 자주 가지자. 뭔가 먹어두는 것도 잊지 말아라. 일하다가 지친다 싶으면 물을 마시고 애초에 품었던 포부를 다시 되새겨 보자(앞의 예에서는 '부담 없이 친구들을 초대할 수 있는 개방적이고 친밀한 공간'을 만드는 것이었다). 그리고 계속 해나가자. 조금씩 밖에 못한다고 해도 전혀 하지 않는 것보다는 낫다.

쓸모없는 물건을 내다 버리기 위한 몇 가지 제안

여기 소개하는 아이디어들은 나를 비롯해서 내가 상담했던 사람들에게는 정말 효과적이었다.

갑자기 오천 만원이 필요하다면?

잠깐 나와 놀이를 해보자. 갑자기 5천만 원을 구해야 하는데 가지고 있는 것을 파는 방법밖에 없다면 어떻게 하겠는가 (원한다면 영화 속의 주인공이라고 생각해 보자. 그러니까 고아인 아이가 갑자기 수술을 해야한다거나 하는 극단적인 상황이 생긴 것이다)? 당신이 제대로 체험해 볼 수 있게 도와줄 간단한 과제를 준비했다.

✳ ✳ ✳ ✳ ✳

EXERCISE 13 : 당신 집 안에 잠자고 있는 돈이 있나?

팔아치울 만한 물건 열 개를 고르고, 얼마나 받을 수 있을지 생각해 보자. 늘 그렇듯이 빠르게 해치우도록 하자. 머리에 떠오르는 대로 적으면 된다. 실제로 팔아치우겠다는 것이 아니지 않은가? 그저 연습일 뿐이다.

써놓은 것을 보니 느낌이 어떤가? 보고 나서 놀랐나? 적어 놓고 나니 그 물건들에 대한 감정이 변하는 경우가 생기기도 하는가?

에바라는 상담인과 이 과제를 같이 했었는데, 그녀가 처음 으로 떠올린 것은 집안에 내려오는 자기그릇세트였다. 그녀 는 자신에게 할머니에게 물려받은 자기세트를 처분해버리려 고 하는 마음이 얼마나 강한지 알고 매우 놀랐다.

"그걸 잘 간직하고 있어야 한다고 항상 생각했거든요. 우리 할머니가 주신 거잖아요. 거기다 자기 세트는 겁날 정도로 비 싸고 또 얼마나 예쁘게요. 너무 예쁘고 비싸서 사용할 엄두도 내지 못했어요. 그런데 '생명을 구하는 일'이라고 생각하니까 그게 그저 그릇일 뿐이고, 지하실 상자 안에 잠자고 있으면서 아무 쓸모도 없다고 생각하게 되는 거예요."

결국 에바는 남편, 친정 식구들과 상의한 결과 그릇세트를 팔아서 대신 그 돈으로 온 가족이 모일 수 있는 잔치를 벌이 기로 결정했다.

"이번 과제로 우리 할머니가 남긴 유산은 그분이 일궈낸 우 리 일가라는 것을 깨닫게 되었어요. 길게 볼 때, 그릇이 아니 라 가족들이 한 자리에 모이는 게 중요한 거잖아요."

당신은 무엇을 발견했나? 전 남편에게 받은 패물을 내놓을 생각이 드나? 5년 동안 스키장에는 가보지도 못한 스키 세트는 어떤가? 앞으로 아무도 가지고 놀 일이 없을 수제품 인형의 집은 또 어떤가?

당신이 살고 있는 공간이 정말 물건에 치이고 있다면, 영화 속의 '고아 아이'는 숨막히는 물건들 속에서 숨쉬려고 발버둥치는 당신 자신이다.

제자리, 제자리, 제자리

당신이 옷은 침실에서 갈아입고 패물은 욕실에 두고 있다면 배치가 잘못되어 있는 것이다. 당신이 세상 돌아가는 일 한가운데에 있기를 바라면서 책상을 다락에 두고 있다면 배치가 잘못된 것이다. 당신은 혼자만의 시간이 필요한데 이젤을 가족 놀이방에 둔다면 배치가 잘못된 것이다. 당신이 어디서 일하고 싶은지를 잘 파악해 보자.

다음은 내가 상담한 사람들 중에서 필요와 배치가 합치되도록 공간을 만든 예를 몇 가지 소개한다.

소파와 옷장

피터는 아주 성격이 좋은 대본작가인데 조금 비관주의적인 기질이있었다. 그는 보통 거실에 있는 소파의 한쪽에 앉아서 대본을 쓴다. 그러다 보니 거실탁자는 종이며 CD로 뒤덮여 있고, <Variety>의 과월호 같은, 자료를 찾아볼 때 필요한 것들도 한 무더기 쌓여있다. 발치에는 메모장들이 잔뜩이다.

내가 소파 옆에 낮은 책장을 하나 들여놓고 스탠드 전등도 하나 장만

하면 장소가 좀 더 정리될 거라고 하자, 그는 이의를 제기했다. "책상에서 일하는 게 맞지요. 다 들어다가 책상에 옮겨 놓을게요."

하지만 나는 물러서지 않았다. "피터, 이 집안에 지금 책상이 두 개나 있고 식탁도 하나 있지만, 아무 것도 쓰고 있지 않잖아요? 당신은 여기 이 소파에서 일하는 걸 좋아하는 거예요. 그러니까 여기를 당신한테 맞게 정비하는 게 맞아요!" 피터는 수긍했다.

쇼파 옆에 책장 하나, 스탠드 전등 하나 그리고 나중에 CD 정리함 세 개를 더 들여 놓고서, 피터는 신나게 키보드를 두드리게 되었다. 그는 책상을 두 개 다 팔아치웠다. 그리고 또 하나 팔아치운 것은 바로 새로 완성한 대본이었다.

메레디스는 한 번에 여러 가지 일을 같이 하는 것을 좋아했다. 그리고 모든 사건의 중심에 있는 것을 즐겼다. 그녀는 신문 기고문, 에세이, 아동 및 가정사와 관련한 단문을 전문적으로 쓰는 작가인데, 위층 침실 한 켠에 있는 작업공간에 박혀 있는 것이 자기를 혼자 동떨어져 있게 하면서 비효율적이라는 것을 알게 되었다. 그녀가 자리에 앉아 일 좀 할 만하면 아이들이 뭔가 찾거나, 그녀 자신이 커피 한 잔이 당기거나, 금방 저녁을 준비할 시간이 오곤 했다.

그렇지 않으면 자신이 위층에 갇혀 있는 동안 이런 상황들을 다 놓치게 될까봐 걱정이 들어 도무지 집중이 되질 않았다. 그래서 위층에 있는 방을 큰 아이를 위한 공간으로 전환하고, 그녀의 책상을 부엌 바로 옆에 자투리 공간으로 옮겨 버렸다. 그리고 현관에 붙어 있는 옷장 속으로 자신의 파일들도 다 옮겨 놓았다(이것은 메레디스가 남부 캘리포니아에 살아서 가능한 일이었다. 그곳에서는 현관 옷장을 겨울 코트를 넣어 놓을 공간으로 잡아놓을 필요가 없으니 말이다). 그리고 옷장문은 게시판으로 활용했다. 지금은 한쪽에 파스타 물이 끓고 다른 한쪽에는 남편이 텔레비전을 보는 가운데 그녀는 키보드를 신나게 두드리고 있다. 방해를 자주 받으면 일을 못하는 사람도 있다. 하지만 메레디스는 자신의 경우는 정신없는 가운데서 창의성이 더 발현된다는 것이다.

전통적인 작업공간이 아니어도 당신의 필요조건을 충족한다면 완벽한 공간이 될 수 있다.

정리 정돈하기:
부엌의 예

한 예술가가 고무밴드와 손수 염색한 털실을 정리하는 방식이 다른 예술가가 점토흙과 장신구 만드는 재료를 정리하는 방식과는 다를 것이라는 건 아주 분명한 사실이다. 금속공예사의 방식은 또 다를 것이며, 편물공의 방식과 재즈 가수의 방식 또한 각기 다를 것이다. 또한 재즈 가수들도 서로 다른 방식으로 자신들의 물품을 관리할 것이다.

이제 정리정돈하는 데 있어 도움이 될 팁의 공통적인 예를 보겠다. 바로 부엌이다. 당신은 부엌을 사용할 수도, 사용하지 않을 수도 있다. 하지만 나는 부엌을 아주 좋아하고 요리하는 것도 아주 좋아한다. 우리 집 부엌은 정말 작다(아마도 당신의 작업공간도 작을 것이다). 그리고 우리 부엌은 사랑을 듬뿍 담은 특별한 요리를 제조하느라 항상 바쁘다. 그러니 우리 부엌을 당신이 좋아하는 공간이라고 생각하자. 그리고 앞으로 나오는 것 중에서 몇 가지나 당신이 공간을 자신에게 맞게 개선하는 데 적용할 수 있을지 확인해 보자.

단일용도 물품 금지

나는 빵 만드는 기계나 샌드위치 전기 그릴 기계나 전기밥

솥, 파스파 면 뽑는 기계같은 것을 쓰지 않는다. 만약 집에서 만든 빵이나 샌드위치, 밥, 파스트 생면 등이 주식이 된다면 달리 생각해 볼 수 있다. 하지만 그렇지 않은 바에야 우리 부엌에는 용도가 하나뿐인 물품을 들여놓지 않는다. 특히나 크기가 크고 덩치가 있는 경우 더욱 그렇다. 일 년에 많아야 한두 번 꺼내 쓸 만한 빵 만드는 기계에 귀한 그릇장 공간을 희생한다는 것은 큰 낭비라고 생각한다. 나 같으면 차라리 다지기, 채썰기, 갈기, 반죽하기가 다 되는 만능믹서기를 하나 들여 놓겠다.

물론 단일용도 물품도 꼭 필요한 것이 있다. 코르크 따개가 있어야 와인 병을 딸 수 있다. 다른 것으로는 대체할 수 없다. 그런 이유로 내 사전에 코르크 따개 하나를 넣어준 것이다. 하지만 크고 값비싼 것들은 여전히 사양한다. 덩치는 큰데 하는 일이 달랑 하나인 것들에게 절대 공간을 내주지 마라!

내 친구는 내가 너무 한다고 생각하고 이런저런 질문으로 나를 놀리곤 한다. 하지만 나는 융통성 없이 고집을 피우겠다는 것이 아니다. 무엇을 가지고 있을 것인지 결정하는 것은 전적으로 당신의 필요와 취향에 달려있다.

"커피 메이커는 어때?"라고 내 친구는 묻는다. 당신이 커피를 자주 마시는 사람이라면 물론 커피 메이커를 좋은 것으로 하나 장만해 놓을 만하다. 난 커피를 잘 마시지 않는다. 그래서 나는 직접 불 위에 놓고 써야하는 이태리제의 아주 작은 에스프레소 기계를 하나 가지고 있을 뿐이다. 그 정도면 야단스럽지 않으면서도 큰 기쁨을 누릴 수 있다.

"그럼 전기포트는 어때?"

난 티를 많이 마시는 편이다. 그냥 주전자를 항상 불에 올려 놓고 있으면 된다. 내 경우는 차 주전자도 따로 쓰지 않는다. 하지만 당신이 사무실 환경이라거나 불을 쓰기 힘든 상황이라면 전기포트를 쓰는 것도 괜찮다.

"양념 분쇄기는? 비늘떨개는? 멜론 볼러는?"

마찬가지다. 양념을 빻을 일이 많거나, 생선 비늘 벗길 일이 많거나, 수박을 동그랗게 파낼 일이 많으면 필요한 도구를 마련해라. 하지만 그렇지 않다면 가지고 있을 필요가 없다는 것이다.

도구는 신나는 것이다. 잡동사니는 그렇지 않다. 갈피를 못 잡겠으면 신나는 방향으로 선택해라.

제자리 찾아주기

나는 양념을 알파벳 순서대로 정리한다. 내 친구는 역시나 나를 비웃는다. 그래도 나는 개의치 않는다. 내게 쿠민^{역자 주:} 미나리과의 식물 또는 그 씨앗을 말린 것이 있는지 한번 물어봐라. 괜찮으니 그냥 물어 봐라. 1초면 바로 대답해 줄 수 있다. 나는 요리책에 나오는 대로 재료를 준비해야 하는 경우, 또 장을 보러 가게 되는 경우에 가지고 있는 것과 그렇지 않은 것을 바로 정확하게 알고 있는 편이다.

만약 당신에게 꼭 필요한 도구들을 그런 방식으로 정리한다면 당신도 무엇이 제자리에 있고, 빠진 것은 무엇인지 한눈에 알 수 있지 않을까?

나는 냉장고 속도 칸칸이 정리해 놓는다. 피클, 래리쉬초절임한 열매 채소를 다져서 만든 양념, 살사매콤한 맛을 내는 소스 등이 한 줄, 사워크림, 요구르트, 코티지 치즈 등이 또 한 줄을 채우고 있다. 잼이며 젤리들을 모아서 한 칸에 두고 각종 샐러드 드레싱이 또 한 칸을 차지한다. 남편이 모아들인 올리브들은 문짝에 한 칸을 차지하고 있다(웬 올리브들이냐고? 나는 모른다. 남편에게 물어볼 일이다. 그래도 올리브가 떨어지면 바로 알 수 있기는 하다).

상할 것 같은 것은 앞 쪽 중앙에 둔다. 그래서 나는 신선한 채소들을 가운데 칸에 두고, 신선칸이라고 되어 있는 곳에는 탄산음료를 쟁여 놓는다. 내가 채소들을 신선칸에 보관하게 되면 그것들이 그 안에 있다는 걸 잊고서는 상하게 놔둘 것이다. 하지만 냉장고 문을 열면 바로 보이는 가운데 칸에 두게 되면 잊지 않고 저녁 요리에 바로 써버릴 수 있다.

어떤 사람들은 정리가 잘 되어 있으면 창의성이 제한된다고 생각한다.
내 생각에는 정리를 잘하는 것이야말로 창의성의 열쇠이다.
당신이 무엇을 가지고 있는지 파악하고 쉽게 찾아 쓸 수 있으면,
일을 막힘없이 진행할 수 있을 뿐 아니라 물품도 용도별로 제대로
사용할 수 있고 그래서 뭐든 사용해 볼 용기를 낼 수도 있다.
그러니 정리정돈에 박차를 가하자!

사용 빈도

하루에 최소한 두 번은 쓰게 되는 주방가위를 찾으려다가 더듬거리며 집어 드는 것이 세 달에 한 번 쓸까 말까한 페이스트리 브러시^{역자 주: 빵 표면에 버터나 달걀을 바르는 작은 솔} 같은 것이면 나는 정말 짜증이 난다. 그래서 나는 페이스트리 브러시들이랑 치즈 직포, 밀대, 호두까기, 만돌린 등을 통에 모아서 아래쪽 서랍에 모아 둔다. 통에는 '아주 가끔 쓰는 물건들'이라고 적어 두었다. 그렇게 하고 나니 자주 사용하는 물품들이 깔끔하게 정리되었다. 주방가위는 언제든 내가 바라는 자리에 잘 있다.

나는 찬장도 같은 방식으로 정리한다. 주식과 간식거리는 아래칸에, 독특한 재료들과 특별한 음식들은 조금 높이 넣어 놓는다. 내가 검은 콩 캔 하나를 찾으려고 김이며 이스트를 무더기로 치우면서 시간 낭비할 필요는 없지 않겠나?

바로 바로 사용할 것들은 손이 닿는 곳에 놓고 제일 많이 사용하는 것을 꺼내기 쉬운 곳으로 배치하자. 자주 쓰지 않을 특별한 용품들은 좀 멀리 넣어두어도 된다. 다 치워버릴 수도 있겠다.

잡동사니를 모아두는 서랍은 한 칸만

어느 부엌이든 어디다 두어야 할지 난감한 자잘한 것들을 모아 놓을 서랍 하나는 필요하다. 만약 서랍 하나로는 넘쳐서 두 개로 나눠 넣어야 하는 경우가 생긴다면, 그건 당신이 쓸데없는 물건이 너무 많다는 뜻이다.

그런 물건들은 걸러 내서 버릴 만한 것은 없는지, 다른 곳에 끼워 넣을 만한 것은 또 없는지 따져 보자. 꼭 끼리끼리 모아 놓도록 하자. 고무줄과 빵봉지 묶는 플라스틱 등을 예전에는 잡동사니로 분류했다. 하지만 지금은 두 가지를 함께 네모난 작은 컵에 모아서 랩이랑 쿠킹호일, 봉투 등과 같이 놓는다.

만약에 잡동사니 서랍을 자주 열어보게 된다면, 그건 더 이상 잡동사니 서랍이 아니다. 뭔가 은밀한 용도가 있을 것이다. 테이프와 어린 아이용 가위와 함께 빨대, 사용하고 남은 생일초, 중국집 배달메뉴 등을 서랍 하나에 보관하는 경우가 있을 수 있다. 그렇다면 그 서랍을 '아이 용품' 서랍으로 정리해 보자. 오래된 초는 잊어버리고, 빨대는 다른 곳으로 옮기고, 배달메뉴는 따로 모아서 요리책들과 같이 두도록 하자. 그리고 아이 용품 서랍으로 수성펜, 자, 사포, 메모지, 스티커 등을 옮겨 놓도록 하자. 하다 보면 재미있을 수 있다.

나중에 필요하면 어디를 찾아보게 될까?

'나중에 이것이 필요해지면 먼저 어디를 찾아보게 될까?'라는 질문은 정리정돈 하는 데 아주 유용한 방법이다. 이런 질문을 함으로써 당신이 정리하는 스타일을 자각하게 되고 또한 이러한 부가적인 절차들이 잔상으로 남아 나중에 기억하는 데 도움이 된다.

바닐라 원액을 마지막으로 사용했을 때 '나중에 이걸 찾으려면 다른 빵굽는 재료들과 같이 있거나 양념들이 같이 있다고 생각할 거야'라고 생각하고 나서 베이킹 재료들과 같이 넣어두었다고 하자. 다음에 내가 바닐라 원액이 필요할 때, 그 생각을 그렇게 다시 하게 되면 바로 찾을 확률은 반반이 된다. 선반 아무데나 구겨 넣었다가 결국 뒤로 밀려버리고(자주 사용하지 않는 용품들은 그렇게 되기 십상이다). 나중에는 찾을 수도 없는 경우나, 마지막에 사용하고 남겨놓았는지조차 불확실해서 아예 찾을 생각도 못하는 경우에 비하면 확실히 확률이 높아지는 것이다. 더구나 새로 사야하는 경우가 생길 경우, 바닐라 원액은 순정액(순정액을 사는 게 맞다. 화학적으로 만들어낸 제품은 정말 끔찍하다.)으로 사게 되면 정말 비싸다.

자리를 잘 찾아 정리해 두면 하나로도 될 것을 왜 두 개를 사는가?

여기서 요점은 던져야 할 질문이 '이걸 어디다 두어야 하지?'가 아니라는 것이다. 그런 질문은 그 사람 좋은 피터가 사용하지도 않는 책상을 생각한 것처럼 별로 도움이 되지 않을 생각으로 귀결될 뿐이다. '내가 생활하는 양상을 고려해 볼 때, 이것이 어디쯤 있을 거라고 생각할 것인가?'로 질문하는 것이 맞다. 이 질문은 주차장에서도 유효한데 '내가 돌아왔을 때 이 위치를 어떻게 기억하게 될까?'와 같이 조금 수정해서 사용하면 좋을 것이다.

훌륭한 시스템은 실용적이고, 현실적이고, 쉽고, 신명나는 것이다. 나쁜 시스템은 비실용적이고, 비현실적이고, 어렵고, 재앙스럽다.

당신과 당신이 가진 것들, 당신의 공간, 당신의 예술은 모두 훌륭한 시스템을 갖출 자격이 있다.

사용하는 것인가?
애착심이 있는 것인가?

당신의 소유물들을 걸러내는 제일 간단한 방법이 있다. 자신에게 이런 질문을 해보자.

'내가 이것을 사용하나? 내가 이것에 애착심이 있나?'

당신이 애착심을 가지고 있는 것이라면 그냥 두어라. 그렇지 않다면 치워 버리자. 간단한다.

당신이 사랑하는 것을 간직하는 것은 당연하다. 설명할 필요도, 변명할 필요도 없다. 하지만 진정한 사랑이어야만 한다. 그것 때문에 당신의 심장이 부풀어 오르고 기분이 좋아져야만 한다는 것이다.

추억이나 죄책감, 슬픔, 감상, 수치심, 두려움, 불안감, 우울감 등은 모두 사랑의 감정과는 같지 않다. 정직할 것. 후회를 남기지 말 것. 이 잡동사니들은 이미 당신에게 많은 것을 치르게 만들었다. 차지하고 있는 공간, 들인 시간, 지금까지 쓴 마음까지 당신은 이미 충분한 비용을 지불했다. 당신은 사랑하는 것들로 당신의 주변을 채울 자격이 있다. 그리고 당신은 사랑하지 않는 것들은 치워버릴 자격이 있다. 공간을 비워서 사랑하는 것들을 더 들여 놓을 수 있도록 말이다.

다음으로 '내가 이것을 사용하나?'라는 질문에 대답하기는 일반적으로 아주 쉽다. 사용하는 것은 그냥 두어라. 곤란한 경우는 '사용하지는 않는데, 하지만……'의 경우이다. '하지만' 이야말로 깔끔하고 들어가고 싶고 정리되어 있는 공간과 당신 사이에 서있는 장벽이다.

- 하지만 언젠가 쓸지도 모르는데.
- 하지만 수리 좀 받으면 쓸 수도 있을 거야.
- 하지만 몸이 들어가기만 하면 입을 텐데.
- 하지만 정말 근사한 건데!
- 하지만 비싼 거야.
- 하지만 이거 아주 싸게 잘 산 건데.
- 하지만 엄마가 주신 거야.
- 하지만 인터넷 중고매장이나 창고세일 같은 데서 팔 수도 있을 텐데.
- 하지만 그걸 보면 그 특별했던 때가 떠오르는데.
- 하지만 그건 집안 가보야. 애들한테 넘겨서 후대까지 물려주고 싶은데.

'하지만'에 해당하는 것들이 끝도 없이 나온다. 당신이 자신에게 정직할 수 있도록 그리고 스스로 자초한 이러한 한계들을 헤쳐나갈 수 있도록 친구나 아니면 전문가를 초빙해서 조언을 구해라.

혹시 혼자서 하는 것을 선호한다면 나와 함께 당신이 가진

'하지만'에 해당하는 것들을 검증해 보자.

하지만 언젠가 쓸지도 모르는데. 만약에 아직까지 쓸 일이 없었다면, 장래에 쓰게 될 확률도 아주 희박하다. 만약에 장래에 필요하게 될지라도 분명 더 좋은 제품을 더 저렴한 가격으로 손쉽게 구할 수 있을 것이라고 장담한다. 우주는 광대하고 온갖 것들로 넘쳐 난다. 당신은 무엇이든 구할 수 있다. 신념을 좀 가져보도록 하자.

하지만 수리 좀 받으면 쓸 수도 있을 거야. 그런데 당신은 아직까지 수리를 받지 않았다. 고장난 상태로도 당신은 잘 살아왔다. 그 세월이 얼마나 되었나? 진지하게 말하는데, 망가진 것을 붙잡고 있는 것은 썩은 동아줄잡기이다. 당신이 진짜, 진짜 고치고 싶다면 당장 들고 나와 차 앞좌석에 던져 넣자. 그리고 바로 수리점으로 가도록 해라. 그렇게 붙잡고 있을 만한 가치가 있다면 바로 수리도 받고 귀하게 다뤄질 가치가 있다는 것이다.

하지만 몸이 들어가기만 하면 입을 텐데. 당신에게 작은 옷을 붙잡고 있으면 살을 빼는데 좋은 동기가 된다는 믿음이 팽배하다. 그건 사실이 아니다. 그런 식으로 되는 것이 아니다. 그게 맞다면 당신은 이미 그 옷이 몸에 잘 맞는 상태가 되어 있어야 한다. 몸에 잘 맞고 입으면 기분이 좋아지는 옷으로 옷장 가득 채워두는 것이 당신의 자존감을 높이고 자신이 원하는 몸매를 가꾸는 데 현실적으로 도움이 된다는 것이다. 너무 작은(혹은 큰) 옷들은 치워버리자. 아직 유행이 지나지 않은 옷들은 다른 사람들에게 넘길 수도 있다. 그리고 당신이 바라는 몸무게를 만들고 나면 새로 유행에 맞고 당신 맘에도 흡족한 멋진 옷들을 찾을 수 있을 것이다.

하지만 너무 근사한 건데! 그렇다. 그 자체로는 근사하다. 하지만 당신의 생활에서 쓰임이 없을 뿐이다. 그러니 그것을 좀 더 귀하게 여기고 잘 사용해주고 감사한 마음으로 받아 줄 곳으로 보내주도록 하자. 이렇게 생각해보자. 당신의 그 근사한 것을 필요로 하는 멋진 친구가 한 명 있다면 어떨까? 당신은 아마도 그것을 바로 넘겨줄 것이다.

이 전략이 얼마나 잘 먹히는지 그 효과에 정말 감탄하게 된다. 상담인 중에 사용하지도 않는 물건을 버리지 못하고 계속 잡아 두고 있는 사람이 한 명 있다. 그 상담인에게 내가 "그런데 요새 좀 힘들어 하는 친구가 하나 있거든요. 그런데 당신네 그 물건이 그 친구에게 요긴하게 쓰일 거 같아요"라고 말을 하면, 그 사람은 바로 "아, 정말이요! 그렇다면 그 사람에게 갖다주세요"라고 대답한다. 그 사람이 타고나기를 그렇게 관대한 사람이어서 그런 것인지, 아니면 자기 물건이 더 좋은 자리를 찾아간다는 것에 기분이 좋아서 그런 것인지 나로서는 잘 모르겠다. 하지만 누군가 아주 좋은 사람이 중고판매점에서 당신이 가지고 있는 물건과 같은 것을 찾고 있고, 사용하고 싶어 하고, 정말 좋아할 거라고 상상하는 것만으로도 물건들을 손에서 놓아주기가 훨씬 더 쉬워질 것이다. 그러니 마음 속으로 그런 사람을 그려 보자. 아니면 당신이 그 물건을(오늘!) 넘겨 버릴 만한 사람을 알고 있을 수도 있다. 그도 아니면, 그 물건을 자선단체에 기부할 수도 있다. 그리고 그 물건이 꼭 필요한 사람이 가져가게 될 거라고 믿자. 당신에게는 다른 근사한 것들이 아직 많다. 그리고 그것들은 당신이 애착심을 가지고 있고 잘 사용하고 있는 것이다. 그러니 쓸데없는 욕심을 부리는 심술꾸러기는 되지 말자.

<u>241</u> 하지만 비싼 거야. 비싸지만 쓸모 없는 것을 묘사하는 것에 있어 내 친구 앨런에게 아주 좋은 표현이 있다. 수업료. 무엇인가가 자신에게 맞지 않는다는 것을 발견하기 위해서 지불해야 하는 돈이라는 것이다. 비용은 조금 들지만 귀중한 교훈을 얻을 수 있다. 엘립티컬^{헬스자전거} 트레이너를 집에 모셔다 놓는다고 해서 더 열심히 운동을 하게 되는 것은 아니다. 또한 스쿠버 다이빙 장비를 구비하고 있다고 해서 스쿠버 다이빙을 위해 휴가를 더 받을 수 있게 된다는 보장도 없다. 장비는 필요할 때마다 대여하는 것이 훨씬 경제적이다. 그러니 수업료를 치렀다고 생각하고 그렇게 배운 교훈을 명심하는 것으로 만족하자. 당신은 그 물건에 치른 비용에 연연하지 않아도 된다. 당신이 내내 사용하지 않고도 괜찮았다면 치워버린다

고 해서 괜찮지 않을 이유가 없다.

하지만 이거 아주 싸게 잘 산 건데. 당신이 제대로 사용하고 있지 않다면 그다지 수지맞는 거래였다고 할 수 없다. 그래도 축하한다. 당신이 그렇게나 흥정을 잘한다는 점에서 말이다. 당신이 정말 흥정이 필요할 때 아주 요긴한 능력이다.

하지만 엄마가 주신 거야. 지금 문제의 요지는 부모 자식 간의 사랑이 아니다(친구, 동료, 배우자, 학교 친구들, 형제 자매, 당신 자신에 이르기까지 그 물건을 선물한 사람이 누구든지 그 사람과의 관계는 지금 문제가 되지 않는다). 그래도 당신이 사용하지 않지만 놓지 못하겠는 그 물건을 선물한 사람과의 관계를 생각해보자. 아마도 간단한 관계는 아닐 것이다. 그게 어떻다는 말인가? 그 사람과의 관계가 긴밀하다고 해도 그 사람이 준 물건은 얼마든지 내다버릴 수 있다. 그 물건이 그 사람의 마음은 아니다. 그 물건이 그 사람에 대한 당신의 마음도 아니다. 그것은 그저 물건일 뿐이다. 물건 중에서도 당신이 애착심을 가지고 있지도 않고 사용하지도 않는 물건이라는 점을 다시 한번 일깨우는 바이다.

다들 어쩌다 한 번쯤은 소용없는 선물을 한다. 당신은 그 물건을 준 사람에게서 다른 좋은 물건들도 넘치게 받아 가지고 있을 것이다. 소용없는 물건은 치워버려도 괜찮을 만큼 말이다.

당신에게 그 소용없는 물건을 넘긴 사람이 이미 죽었거나 더 이상 당신의 인생에 존재하지 않을 수도 있다. 그 사람에 게서 더 이상 다른 선물을 받을 수 없다는 것이 아무 쓸모없 는 선물에 목매고 있을 이유가 될 수는 없다. 애도를 해야 한 다면 그저 애도를 해라. 하지만 누군가를 그리워하는 마음 때 문에 물건에 집착하지는 말자. 당신은 공간이 필요하고, 당신 에게 선물을 보낼 정도의 사람이라면 당신이 그 공간을 확보 하게 되는 것을 못마땅해 하지는 않을 것이다.

머릿속으로 이렇게 상상해 보자. 선물을 준 사람이 미소를 지으면서 이렇게 말해주는 것이다.

"괜찮아요, 제가 당신에게 마음을 쓰고 있다는 것만 알아주 세요. 그래서 제가 그 선물도 드렸던 겁니다. 당신도 저에게 마음을 써주고 있다는 것을 잘 압니다. 그러니 그 물건은 편하 신 대로 처리하세요."

좀 우습게 들릴 수도 있지만, 당신이 자신의 삶을 주도적으 로 영위할 수 있도록 허락을 받아놓는 것은 중요한 일이다. 또 한 당신 생활의 한 공간을 차지하고 있는 물건들에 대한 주도 적인 권리를 확보하는 것도 중요한 일이다.

나 자신도 우리 할머니가 허락해주는 상상을 하기 전까지 는 그분께 물려 받은 것들을 처분해 버리기가 굉장히 힘들었 다. 우리 할머니는 키도 크시고 귀족적이시면서 허튼 수작 같 은 것은 용납하는 법이 없는 분이었다. 나는 그분이 내 옆에 서서 이렇게 말씀해주시는 걸 상상했다.

"아가, 이 물건은 네 삶에 속한 물건이 아니란다. 이건 내 삶에 속해 있었던 거지. 이제 그만 내려놓고 더 좋은 것으로 찾아보렴."

나는 잠깐 감상에 젖었다가 그 말씀대로 처분할 수 있었다.

하지만 인터넷 중고매장이나 창고세일 같은 데서 팔 수도 있을 텐데. 당신도 알다시피 물건을 판매하는 것은 시간을 많이 잡아먹는 일이다. 그리고 자꾸만 같은 말을 반복하게 되는데, 당신이 정말 그 물건을 내다팔고 싶었으면, 진작에 해치웠을 것이다.

값어치 있는 물건을 가지고 이익을 남기고 싶어하는 것은 자연스러운 일이다. 이익까지는 아니더라도 완전히 돈을 날리는 상황은 피하고 싶을 것이다. 그럼 얼마나 건질 수 있을까? 사십 달러? 백 달러? 천 달러? 그렇다면 개인적인 경로로 그 물건을 판매하려면 얼마나 많은 시간과 번거로움을 감수해야 할까? 당신이 자신의 시간당 노임을 이십 달러라고 상정해볼 때, 얼마만큼의 이익을 기대할 수 있나? 만약 상당한 금액이 예상되고, 들이는 시간과 노력이 그에 비해 적다고 한다면 중고시장에 내놓는 것을 말리지 않겠다(하려면 오늘 당장 해치우기를 권한다!). 아니면 다른 방법을 고려해 볼 수도 있다. 이익을 배분하는 조건으로 친구에게 대신 팔아달라고 넘겨버리는 것이다. 또는 경매사이트나 판매대행사이트를 활용하는 방법도 있다. 손에 쥐게 될 돈의 양은 줄어들겠지만 그래도 조금의 돈이라도 건지는 것이 쓸모없이 처박아 두고 있는 것보다는 나을 것이다.

하지만 그걸 보면 그 특별했던 때가 떠오르는데. 당신의 추억은 정말 소중하고 특별하다. 그것은 당신의 머릿속에 당신만을 위해 존재하고 있다. 당신 안의 아주 멋진 부분이다. 아무도 당신에게서 당신의 추억을 빼앗아 갈 수는 없다. 추억이 서려있는 기념품을 없앤다고 해도 추억은 여전히 남아있을 것이다. 어떤 사람에게 애정이 있으면서도 그 사람이 준 물건에는 애착이 없을 수 있듯이, 추억 속의 시간과 사건을 되새기면서도 그 기념품 자체에는 애착이 없을 수 있다. 만약 도저히 통째로 없애버릴 엄두가 나지 않는다면, 그중 일부만을 남겨놓는 것은 어떻겠는가? 부케에서 리본만 떼어낸다면? 구기종목 경기의 경우 전체 녹화분 대신 점수표를 간직하는 것은 어떤가? 아니면 그 기념품의 사진을 찍어두고서 추억을 되새기고 싶을 때면 꺼내보는 방법도 괜찮다.

하지만 그건 집안 가보야. 애들한테 넘겨주고 그렇게 후대에 물려주고 싶은데. 당신이 운 좋게도 보존할 가치가 있는 귀중한 물품을 가보로 간직하고 있다면 책임지고 그것들을 먼지나 벌레나 비바람으로부터 깨끗하고 안전하게 지켜내도록 해라. 그것들을 귀하게 여겨야 하고 마땅한 저장 공간을 확보해야 할 것이다. 중성지는 저렴한 가격은 아니다. 하지만 당신

할머니에게 물려받은 퀼트를 보관하기 위해서는 꼭 구비하고 있어야 한다. 당신이 가진 물품을 제대로 보관하는 방법을 철저히 조사한 후에 안전하고 적당한 장소를 물색하도록 한다.

그런데 당신이 위와 같은 수고를 감당할 의사가 없고 그 가보에 대한 애착도 없고, 그것을 사용하고 있지도 않다면 당신 자손에게 전해 줄 가장 큰 선물은 그런 짐에서 벗어난 홀가분한 삶일 수도 있다.

ACTION STEP

집이나 사무실에 잡동사니가 쌓여 있다면, 5분만 시간을 내서 정리해보고 필요 없는 것은 치워버리자.

과거에 대한 존경심을 가지는 것은 좋다.
그러나 과거가 당신의 현재를 잠식하도록 두지는 말아라.

PART. 11

바위 밑
살펴보기

Get it done

　앞에 여러 장에서 어떻게 하면 늑장을 부리며 미적거리고 있는 상태를 벗어날 수 있는지 그리고 어떻게 하면 일에 착수할 자금, 시간, 공간을 확보할 수 있을지에 대한 전략 몇 가지를 실용적인 측면에서 살펴보았다.

　지금부터는 당신이 마주하게 될 난관 중에서 더 깊숙이 존재하고, 그래서 눈에는 잘 띄지 않는 것들을 살펴보자. 이런 주제들은 까다롭고, 예의나 차리는 사람들과는 이야기 나눌 일이 별로 없기 때문에 훨씬 다루기가 힘든 것들인데, 고집, 질투, 실망, 도태당하는 일 등이 그렇다. 우선 고집을 살펴보겠는데, 바로 다음 과제로 들어가 보기로 한다.

EXERCISE 14 : 당신이 성공으로 가는 길에 방해가 되는 것은?

지금 당신을 방해하고 있는 것은 때로는 순전히 당신의 고집으로 인한 결과이기도 하고, 당신의 발목을 잡는 생각에서 헤어나지 못하고 있기 때문일 수도 있다.

이번 과제는 있는 그대로의 자신의 모습을 온전하게 내보여야 한다. 질문의 내용이 힘든 것일 경우에 부드러운 목소리로 전달하면 성공에 방해가 되는 당신 내면에 존재하는 장벽을 부숴버리는 데 도움이 될 것이다. 이제 펜을 들고 다음에 나오는 열 개의 질문에 대답해 보자. 떠오르는 대로 지체 없이 대답하고 당신이 끌어낼 수 있는 최대한의 정직함으로 임하도록 한다.

1. 바로 이전 과제에서 당신의 성공을 막은 것은 무엇인가?
2. 당신이 자기태만에 빠질 경우 그 징후는 어떻게 되는가?
3. 자기태만에 빠져있다는 것을 자각하게 되면, 어떻게 대처하는가?
4. 이 프로젝트를 실패하게 된다면 어떤 걱정스러운 일이 생길까?
5. 실제로 실패로 끝나게 된다면, 어떻게 그 상황을 수습해나가겠는가?

6. 이 프로젝트를 성공하게 된다면 어떤 걱정스러운 일이 생길까?

7. 실제로 성공적으로 완수하게 된다면, 어떻게 그 상황을 처리해 나가겠는가?

8. 당신이 가진 자질 중에서 이 프로젝트를 수행하는 데 있어서 도움이 될 만한 것으로는 무엇이 있을까?

9. 더 해야 할 질문이 있다면?

10. 진실이 무엇이라고 생각하나? ('진실이란……'으로 시작해 보자.)

성공이든 실패든 최악의 상황을 상상해 보고, 그 상황을 어떻게 수습해야 할지를 상상해 보면, 자신이 그 상황에 대해서 보다 주도권을 가진 것처럼 느껴질 것이다.

이와 같은 질문들에 대한 답을 적어 놓으면, 당신 침대 밑에 살고 있는 괴물을 무장해제 시킬 수 있는 용기를 낼 수 있을 것이다.

두려움은 마비를 부르고,
호기심은 그것을 치료한다.

재능이 전부는 아니다

여기서 우리는 또 다른 냉엄한 현실을 직시해야 한다. 그것은 재능이 당신에게 무엇이든 물어다 주지는 않는다는 것이다. 재능 하나로는 충분하지 않다는 사실이 그다지 놀랍지는 않을 것이다. 예술가라면 누구나 재능이 있다(혹은 자신이 그렇다고 믿는다). 그런데 재능은 그저 입장료에 불과하다.

얼마나 많은 중개직/관리직/갤러리 소유자들이 다음과 같은 내용의 지원서를 받고 있는지 알면 정말 놀랄 것이다.

"저는 정말 재능이 많은 사람입니다. 저에게 기회를 주셔야 합니다."

재능이 많은? 그게 말뿐이 아니기를 바란다. 재능이 없으면서 본인 스스로를 예술가라고 내세운다면 우스운 꼴이 아닐 수 없다. 그리고 이제는 그 이상을 보여줄 때이다.

재능이 전부인 양 지나치게 목을 매는 경우 생길 수 있는 또 다른 문제는 예술가들이 때로는 분노가 치밀 상황을 만나게 된다는 것이다. 어떤 자리를 두고 자신들이 훨씬 출중한 재능과 넘치는 자격을 갖췄다고 생각하는데도 다른 사람에게 밀리는 경우, 그들은 분노하게 된다. 당신이 최선의 선택임에도 내쳐졌다는 사실은 그냥 넘겨버리기 힘든 문제이다.

하지만 알아둘 것이 있다. 사람들이 항상 최선의 선택을 하는 것은 아니라는 것이다. 당신이 항상 몸에 제일 좋은 음식으로만 골라 먹지 않는 것처럼, 또한 제일 편한 신발만 골라서 신지 않는 것처럼, 최고 훌륭한 프로그램만 골라서 시청하지 않는 것처럼, 다른 사람들도 항상 최고의 예술가를 선택하는 것은 아니다.

우리 모두가 최고 수준의 책만 읽고, 최고 수준의 영화만을 상영하고, 가장 효율적이고 품질이 좋은 차만을 운전한다면 세상은 지금보다는 더 살기 좋은 곳이 될 것이다. 하지만 최선이 항상 답은 아니다. 때로는 편리한 것이 답일 때가 있다. 때로는 유행을 따르는 것이 답일 때도 있다. 때로는 그저 섹시하기만 하면 된다. 때로 사람은 조금 싸구려를 찾을 때도 있다. 예술세계의 햄버거 같은 것이라고 할 수 있겠다. 때로 저속한 것이 정답일 때도 있다.

무엇이 최선인지는 상대적일 뿐만 아니라 종종 맥락이 없는 경우도 있다. 그러니까 사람들을 조금 봐주도록 하자. 당신도 오로지 당신만을 항상 선택하지는 않을 것이다.

당신의 재능은 신이 당신에게 준 선물입니다.
그리고 당신이 그 재능으로 성취하는 것들은
당신이 신에게 보답으로 드리는 선물입니다.
– Leo Buscaglia

최고를 잊어라.
'적당한 것'은 어떤가?

때로 재능은 전혀 논의의 대상이 아닌 경우도 있다. 우리 모두 알고 있지 않은가? 재능이라고는 눈꼽만큼도 없으면서도 돈을 쓸어 담고 있는 예술가들도 있다. 세상은 공평하지 않다. 나도 안다.

하지만 우리가 다른 사람의 성공에 대해 뭘 어쩔 수 있는 것은 아니다. 또한 우리에게 맞게 시장을 움직일 수도 없다. 이런 상황에서 내가 할 수 있는 충고는 그저 극복해버리라는 것이다. 세상에는 너무나 많은 일들이 벌어지고 있기 때문에 우리가 어찌해 볼 도리가 없다. 도리가 없는 이상 그저 마음을 편히 가지는 게 최선이다. 어깨 한번 으쓱하고 흘려보내는 것이다. 그리고 '그럴 수 있지'라고 말하는 연습을 해보자.

자격이 미치지 못하는 누군가가 당신의 자리를 넘보는 불가피한 상황이 생길 수 있다. 그럴 수도 있지. 당신의 독특한 스타일과 장르를 시장과 미디어가 몰라보는 불가피한 상황이 생길 수 있다. 그럴 수도 있지.

그런데 그런 불가피한 상황이 어느 날 당신에게 유리하게 작용하는 때도 올 것이다. 예측하지 못한 급박한 시장 변화가 당신에게 천우신조의 기회가 되어 주는 때가 올 수도 있는 것이다. 그날이 오면 당신은 더 이상 '그럴 수도 있지'라고 말하는 대신 '야호!'라고 환호성을 지르게 될 것이다. 하지만 당신이 그 기회를 얻게 된 것이 당신의 재능 덕분만은 아니라는 것을 기억하자.

'성공의 기회가 널려 있다'라는 글을 읽으면 어떤 느낌인가?
회의적인가? 뼈아픈가? 의욕이 넘치나? 안심이 되는가?
'성공이 나에게 오는 중이다'라고 생각하면 또 어떤 느낌인가?
당신이 신체적으로 어떻게 느끼고 심적으로 어떻게 반응하는지 잘 살펴보자.
당신은 15분을 투자해서 성공에 대한 생각에서 당신이 벗어날 수
있도록 해줄 작품을 만들고 싶을지도 모르겠다.

성공의 기회가 바닥나는 경우는 없다

다른 사람의 성공을 질투하고 배 아파하는 것은 악업을 쌓는 일이다. 더군다나 시간 낭비이기도 하다. 세상에서 성공의 기회가 바닥나는 경우는 없다. 그 사람들은 당신의 성공을 가져간 것이 아니다. 그들은 자신들의 성공을 일구어낸 것이다. 그러니까 그들을 축복해주고 머릿속에서 치우자. 그리고 당신 자신에게로 주의를 환기시켜 보자. 이제 어떻게 하면 당신이 성공할 수 있을지 고민해 보도록 하자.

다시 한번 말하는데, 성공의 기회가 바닥나는 경우는 없다.

세상에서 '이제 그만. 더 이상 유명인을 만들지 말자고'라고 하는 경우는 없다. 돈의 경우도 끝없이 생겨난다. 당신 지갑으로 들어오지 않아서 그렇지 세상에는 돈이 넘쳐난다. 성공 확률이 희박하다는 생각은 버려라. 대신에 '성공의 기회는 널려 있다'라고 사고를 전환해 보자.

성공의 기회는 당신 몫으로도 준비되어 있다. 그 양상이 당신이 예상하는 모습과 같지 않을 수는 있다. 사실, 같지 않은 경우가 대부분일 것이다. 하지만 그 기회는 분명히 당신이 가는 길 위에서 당신을 기다리고 있다. 그리고 그 성공의 열매는 너무 달아서 당신이 다른 사람을 질투했다는 사실이 어이없게 느껴질 것이다.

초록 눈을 가진 괴물,
질투

당신 성격 중에서 내세울 만한 부분이라고 할 수는 없지만 당신이 분명히 가지고 있는 부분이 있다. 바로 질투하는 마음이다.

허걱, 얼마나 유치한지. 하지만 우리가 인격적으로 얼마나 성숙했는가와는 별도로 우리 모두는 때로 질투를 느낀다. 그런데 여기서 질투를 새롭게 조망해보자. 질투는 축복이다.

질투는 당신이 무엇이 되었든 원하는 것이 있다는 것을 말해준다. 또한 당신은 자신이 그것을 가질 수 있을 거라고 믿고 있을 것이다. 당신이 탐내지도 않는 것을 다른 사람들이 가지고 있다고 해서 질투가 나는 법은 없다.

당신의 절친한 친구가 희귀 개구리를 모으고 있는데, 이번에 정말 희귀한 개구리 하나를 더 수집하게 되었다고 상상해보자. 질투가 나나? 그렇지 않을 것이다. 당신이 개구리 양식업에 관심이 있다면 모를까, 당신은 전혀 질투하지 않을 것이다. 친구가 왜 개구리 같은 것을 모으게 되었을까 의아스럽기는 하겠지만(그런데 당신 가족들도 당신이나 당신이 선택한 예술가로서의 길에 대해 거의 같은 기분일 것이다). 질투라니 말도 안 된다.

이제 그 친구가 어느 날 갑자기 모든 비용이 지원되는 6개

월짜리 프로방스 휴양여행에 당첨된다면, 그것은 질투할지도 모른다. 왜냐하면 그것은 당신도 바라는 일일 테니 말이다. 질투가 축복이라고 하는 이유의 반은 바로 이렇게 자신의 욕망에 대해 자각하도록 해준다는 점 때문이다.

당신은 어떤지 모르겠지만, 내 경우는 가끔 원하면서도 원하지 않는 척 하기도 한다. 그리고 별로 마음에 들지 않는 것을 괜찮은 척하기도 한다. 참기 어려울 때 참아내는 경우도 있다. 또한 내 존재감이 무시당할 때 속이 많이 상하면서도 의연한 척하기도 한다.

당신은 그런 적이 없나? '내가 원하는 것'을 그저 속으로만 접어두려고 한 적은? 그래서 속이 상했던 적은 없는가?

질투가 축복이 되기 위해 필요한 나머지 절반, 그리고 아마도 더 중요한 절반은 당신이 그 욕망을 이룰 수 있다고 믿는다는 점이다. 당신은 자신이 가질 수도 있겠다고 생각하는 대상에 대해서만 질투심을 갖게 된다.

아까의 그 개구리광인 친구가 영국해협을 헤엄쳐 건넌다고 해보자. 여전히 질투는 나지 않을 것이다. 당신은 그 일을 원하지 않을 뿐 아니라, 당신에게는 그 일을 해낼 능력도 없기 때문에 당신이 질투할 일은 없다. 하지만 그 친구가 당신도 할 수 있는 영역에서 상을 받거나, 당신이 열망하는 획기적인 단계에 이르거나 당신도 여건만 되면 욕심부릴 만한 참한 물건을 장만하게 된다면 당신 안에 있는 초록눈의 괴물이 눈을 빛내기 시작할 것이다.

* * * * *

EXERCISE 15 : 질투의 고삐 당기기

질투는 욕망과 의지에서 나와 그 안에 살고, 그것들을 가늠할 수 있는 신호이다. 거기에 분노를 조금 가미하면 완벽한 재료로 활용할 수 있다. 다시 한번 말하지만 질투는 분명 아름다운 감정은 아니다. 하지만 당신의 내면 깊은 곳에서 보내는 중요한 메시지이다.

그러니까 다음번에 질투라는 벌거벗은 감정에 자신이 재갈을 물리려고 한다고 자각이 된다면, 일단 멈추고 자신에게 다음과 같은 질문을 던져 보자.

1. 그것을 원하는가?
2. 그것을 원하는 것은 무슨 이유 때문인가? 그것을 얻는 것이 나에게 무슨 의미가 있나?
3. 그것을 가질 수 있다고 생각하나?
4. 그것을 획득하는 데 있어서 장애물이 될 만한 것은 무엇인가?
5. 그것을 이루기 위해서 내가 오늘 15분을 투자해서 할 만한 걸음마 단계의 일은 무엇이 있을까?

그리고 당신이 자신의 목표를 향해 조금 나아갔을 때 당신

내부에 있는 질투라는 괴물이 기쁨의 함성을 지르는지 지켜 보자. 그렇게 당신의 목표를 향해서 조금씩 앞으로 나아가 보 자. 오래지 않아 다른 누군가가 당신을 질투하게 될 것이라 고 장담한다.

"질투를 주의하소서, 나의 주인이여.
그것은 사람의 마음을 농락하고 잡아먹는 초록눈의 괴물입니다."
– 셰익스피어 〈오셀로〉

실망에서 빠져나오기

영어로 '실망^{disappointment}'은 말 그대로 약속을 지키는 것에 실패했다는 의미이다. 그런 이유로 인생에서 만나는 여러 다른 굴곡 중에서도 조금 더 아프게 다가올 것이다.

당신이 실망하게 될 때는 이미 거의 손에 쥐었다고 생각하는 것을 놓쳐버렸을 때이다. 승진이나 성공적인 발표회, 새로운 사랑 등을 약속받았다고 생각하고 있었는데 그 일이 제대로 풀리지 않게 되면, 마음속으로는 이미 다 된 일로 치부해린 일이었기 때문에 특별히 더 실망하게 된다.

옛말에 '기대를 높게 가지지 않으면 실망할 일도 없다'는 말이 있지만, 내 생각엔 정말 터무니없는 말이다. 일단 전략적으로 전혀 실효성이 없다. 만약 당신이 원하는 것을 제대로 얻지 못하게 된다면, 실패를 예상했든 안했든 상심하게 될 것이다. 희망을 높게 가질 기회를 흘려보내는 것은 오히려 당신의 인생에 대한 예의가 아니다.

나는 당신에게 희망을 한껏 높이라고 말하고 싶다. 크고 알차고 구체적인 꿈을 가지는 것이 좋다. 당신이 바라는 이상적인 성공의 모습을 가장 실제에 가깝게, 자신이 가진 모든 지식을 동원해서 상상해 보자. 그렇게 해서 바라는 대로 이루어진다면, 당신은 자신이 누릴 수 있는 열정의 순간을 한순간도 낭비하지 않고 온전히 맞이하게 될 것이다. 만약에 뜻한 바를 이루지 못했다 하더라도 양껏 실망할 자격이 있다. 당신이 미리 상상했던 것보다 그 기분이 그리 나쁘지 않을 수도 있다.

당신이 이제까지 실망했던 모든 순간을 돌이켜 볼 때, 그 중에서 '아, 이건 아예 일을 벌이지 말았어야 했어'라고 생각되는 경우는 거의 없을 것이다. 그보다는 대부분의 경우는 '흠, 그래도 배운 점이 많아'라고 말하게 될 거라고 장담한다.

그것이야말로 우리가 존재하는 이유이다. 우리의 삶은 우리의 영혼을 교육하는 과정이다. 그렇다고 해도 실망을 경험하는 것은 깊은 흉터를 남긴다. 어떤 실망스러운 경험은 극복하는 데 예상했던 것보다 오랜 시간이 걸리기도 한다. '이제쯤이면 다 털고 일어나야지'라고 마음을 먹어봐도 그게 마음먹은 대로 되는 것이 아니다(이제쯤이면? 그건 누가 정해 놓은 건가? 뭔가 극복하는 데 필요한 시간이 정해져 있을 수 있을까?).

실망이라는 것은 우리에게 현명함을 가르쳐 주는 귀한 선생님이다. 그리고 실망은 우리가 비통함과도 익숙해질 기회를 준다. 비통함grief은 그리스 신화에 의하면 분노와 슬픔의 산물이다. 우리는 이 강렬한 감정들을 느껴도 보고, 탐구도 해보고, 그리고 견디고 이겨내 볼 필요가 있다. 그렇지 않으면 우리는 마음이 움직이는 방향을 외면하고 마음쓰지 않는 척하면서 진정한 자아가 아닌 그 그림자에 불과한 존재로 살게 될 수도 있다.

울어야 할 때도 있고, 그 울음을 그쳐야 할 때도 있다.

'난 그저 다시 상처받고 싶지 않아요'라는 마음, 나도 이해한다.

하지만 당신이 알아두어야 할 것이 있다.

우리는 상처받고 사는 존재라는 것이다.

그리고 우리는 그것을 딛고 다시 일어서는 존재이기도 하다.

우리는 다시 시도하고 또 시도할 것이다.

그렇게 우리는 회복력을 키울 것이다.

실망감과 비통함은 구분하고 넘어가야 할 것 같다.

비통함의 경우, 그것이 정말 극복가능한 것인지 나는 의문이고,

사실 극복해야하는지조차 확신하지 못하겠다.

내 경험상 대부분의 고통은 이렇게 저렇게 희석된다.

하지만 비통함은 시간이 흘러도 사라지지 않고 항상 생생하다.

세월이 흐르면서 비통함이 찾아오는 주기가 좀 더 드물어질 수는 있다.

하지만 그 물결이 당신을 덮칠 때면 그 당시의 경험이 바로 어제 일 같이 생생하게

느껴질 것이다.

비통함을 통해 우리는 허무를 배운다.

＊ ＊ ＊ ＊ ＊

EXERCISE 16 : 실망을 극복하기 위해 밟아야 할 간단한 3단계

"실망하지 마." 얼마나 실없는 말인가.

머리에 떠오르는 생각을 하지 않을 수도 없고, 느껴지는 감정을 느끼지 않을 수도 없는데 말이다. 하지만 나사를 조금 느슨하게 풀어줄 수는 있다. 그 생각에서 벗어나지 못하게 하는, 그리고 조금 고통스러운 부분을 약간만 느슨하게 해보자.

당신이 실망한 경험 중에서 극복해야겠다는 것을 하나 생각하자. 크든 작든 아무 것이나 좋다. 작게는 요전 날 밤에 칠면조 요리에 소금을 너무 많이 쳐서 조금 짜증이 났던 경우가 있을 수 있겠다. 그 다음 단계로는 당신이 대학을 중퇴한 일로 여전히 낙담하고 있을 수 있다. 또는 흥정에 실패해서 집을 장만할 기회를 놓쳤을 수도 있다. 조금 크게는 해고를 당한 경험을 들 수 있겠다. 그리고 아주 크게는, 여전히 당신에게는 믿기지 않을 수 있는 애인이나 배우자가 바람을 피운 일을 들 수 있다. 떠올려 봐라.

일단 다음을 읽어 두도록 하자. 1부터 5까지의 단계 중에서 당신이 실망한 정도는 어디에 해당하는가?

1. 사실, 이제는 거의 극복했다.
2. 언뜻 생각이 들면 마음이 안 좋다.
3. 여전히 뼈 아프다.
4. 생각날 때마다 울음이 북받쳐 오른다.
5. 이 일을 극복하는 날이 올 것이라고 상상할 수조차 없다.

잘하고 있다. 첫 단계는 문제가 있다는 것을 인정하는 것에서 시작된다. 너무 잘하려고 하고 늘 의연하려고만 하는 대신 자기 자신에게 솔직한 것이야말로 옳은 길로 가는 것이다.

1단계. 최악으로 과장해 보고 가능한 최소한으로 축소시켜 보기도 하자

실망스러운 사건이 좀 더 재앙처럼 들릴 수 있도록 이름을 바꿔서 불러 보자.

'발표를 망쳤다' 대신에 '엄마, 나는 빈민 구제소행이에요', '다이어트에 실패했다'는 '나 이제 바다코끼리'라거나 '내 아기들이 돌아왔군' 또는 '아이스크림을 다시 만났어'.

이해가 되나? 멜로 드라마처럼 들리면 된다. 보고 웃을 수 있는 것으로 만들어 보자.

이제 실망감을 최소화할 수 있도록 이름을 지어 보자. 정치가들이 하듯이 말이다. '아무도 내 제품을 사지 않아'와 같은 경우는 '지금까지 시장조사 제대로 한번 돌렸군!'이 되고, '다시는 데이트 같은 거 못할 거야'와 같은 경우는 '멍청한 구닥다리 데이트 따위! 누가 신경이나 쓴대?'가 될 수 있겠다.

당신이 아침부터 까다롭게 한상 차려먹어야 하고 다른 사람의 일 따위는 안중에도 없는 괴팍한 노친네라고 상상해 보자. 주름이 자글자글한 손을 휘저어가며 전체를 조망해 보자. 우리는 지금 보는 관점에 따라 어떤 변화가 생기는지 실험해 보는 중이다. 대재앙으로 접근하는 경우와 하찮은 일로 접근하는 경우, 어느쪽이든 문제의 본질에 근접한 표현이 있나? 이 과정이 흥미롭다고 생각하면 이름을 다섯 개 정도 더 만들어 보자.

2단계. 큰 틀에 넣고 바라보자

당신 인생에서 더할 수 없는 축복이라고 생각되는 일 세 가지를 들어 보자. 예를 들어 '내 친구들, 달과 별들, 우리 남편의 유머 감각'처럼 말이다.

이제까지 성취한 일 중 가장 큰 일 세 가지를 들어 보자; 내 사업을 가지고 있다, 독서량이 많다, 신실하고 늘 마음을 써 주는 친구가 있다.

이제 당신을 실망시킨 그 일이 그렇게 나쁘지만은 않다고 할 수 있는 이유를 하나 생각해 보자. 긍정적인 방향으로 찾아보자; '이제 그 끔찍한 사무실에 다시 앉을 일은 없어', '흠, 어차피 칠면조 요리는 빼놓으려고 했어'.

같은 이야기를 다양한 방식으로 전달할 수 있다는 것은
인생을 살아가는 데 있어 요긴한 기술이다.

3단계. 털어버리자

눈을 감고 정신을 아주 안전하고 맑은 상태로 이끌어 보자. 가만히 숨을 쉰다. 잠깐 동안 긴장을 풀고 눈앞의 풍경을 감상해 보자. 얼마나 조용하고 사랑 가득한 순간인지 살펴보자.

그리고 누군가 현명하고 관용이 있고 사랑이 넘치는 존재가 옆에 있다고 하자. 형체가 있을 수도 있고 그렇지 않을 수도 있다. 이 존재가 뿜어내는 사랑과 편안함을 느껴 보자. 따듯함이 담긴 목소리로, 그 존재가 '그렇게나 우울해 하셨다니 정말 안됐습니다. 이제 나에게 모두 넘겨 버리세요'라고 말해 준다고 해보자. 그리고 갑자기 당신 앞에 스크랩북이 나타나서 당신을 실망시킨 경험과 관련한 모든 생각들이 마법처럼 그 안으로 차곡차곡 정리시키는 것이다. 마치 해리 포터에서 나오는 펜시브^{과거를 비추어 주는 우물처럼 생긴 물체}에서처럼 말이다.

아기들 이름 모두가

당신이 칠하려고 하는 색 모두가

당신이 어떻게 보이게 될지 그 모습이

다른 사람들이 앞으로 떠들어 댈 그것들이

모두가 들어 있다.

눈물 모두가

분노 모두가

공허감 모두가

모두가 스크랩북으로 들어간다.

끔찍했던 부분, 소중했던 부분, 가시 돋힌 듯 불편했던 부분

모두가

스크랩북으로 술술 빨려 들어간다.

모두가 말이다.

일단 스크랩북 속에 들어가면,

앞으로는 당신이 가지고 싶어하는 것을 가진 사람을 봐도

질투하지 않을 것이며,

가지고 있지 않다는 사실을 곱씹으며 스스로를 불쌍타 하지 않을 것이며,

더 이상 속으로 끙끙 앓는 일은 없을 것이다.

남김없이 모두 다 스크랩북으로

그렇게 그 안에 존재하는 누군가에게 넘겨버리고

그렇게 안전하게 당신에게서 영원히 가버린 것을 안다.

지금 이곳에 다시 돌아오기 위해 크게 숨을 들이쉬어 보자.

이제 기분이 어떤가?

15분 정도 들여서 작품을 하나 만들고 싶을지도 모르겠다. 그러니까 실망했던 경험에 대해 더 가볍게 정리된 당신의 새로운 관계를 반영하는 작품으로 말이다.

주어진 현실에 만족하지 못하고 다른 현실을 꿈꾸면서 현재의 순간에 임하는 것은 마치 누군가에게 원한을 품고 밤을 함께 보내는 것과도 같다. 어느 한쪽도 충실할 수가 없다. 그러니까 한 손에 있는 원한이나 실망, 후회 등은 내려놓고, 현재의 순간을 양손으로 꼭 쥐도록 하자. 당신의 인생은 양손을 모두 가지고 덤벼볼 가치가 있다.

우리가 품은 작은 씨앗을
다른 사람들의 정원과
비교하지 말자

다른 사람의 창작품을 보면서 우리는 탄성을 내지른다. 그 사람들한테는 어쩌면 이렇게 쉬울까? 어떻게 시간을 낸 거야? 어디서 또 이런 영감을 얻었나? 그 예술적 감수성은 또 어디서 나온 건가? 어떻게 이렇게 대단한 작품을 만들어낼 수 있었을까? 또 어떻게 하면 그렇게 홍보를 잘해서 모두의 이목을 끌어낼 수 있었을까?

당신이 두 손으로 머리를 감싸안게 만들기에 충분하다. 하지만 비밀을 밝히자면, 우리가 다른 사람들의 작품을 볼 때 보게 되는 것은 오직 만개한 꽃송이들뿐이다. 우리가 우리 자신의 내면을 들여다 볼 때 보게 되는 것은 그저 씨앗일 뿐이다.

제대로 가꾸기만 한다면 당신의 씨앗이 자라서 번성하게 되리라고, 그리고 감동과 영감의 원천이 되리라고 당신은 믿어야 할 것이다. 그리고 당신의 씨앗은 다른 누구의 것과도 전적으로 다른 것이라고 내가 보장한다. 당신의 정원은 완전히 다르게 보일 것이다. 그리고 당신의 '성장기' 또한 전적으로 다를 것이다.

당신은 다른 예술가들이 어떤 방식으로 작업하고, 자신의 일에 매이고, 걱정하고, 좌절도 하고, 그리고 또 다시 시작하는지 모른다. 당신은 그저 결과만을 볼 뿐이다. 당신이 어떻게 작업하고, 어떻게 일에 매여 살고, 어떻게 좌절하고, 또 어떻게 다시 시작하게 되는지 또한 아무도 알지 못한다. 그 모든 과업과 과정은 온전히 당신만의 것이기 때문이다.

이것이 당신이 모든 진행상황을 기록하고 관리해야 하는 또 다른 이유이다(3장에 나온 프로젝트 주간 점검 과제를 참고해라). 그렇게 하면 더 푸르러 보이는 옆집 잔디나 당신의 씨앗을 초라하게 만드는 활짝 핀 꽃송이에 눈 돌리는 일 없이 자신의 일에 집중할 수 있을 것이다.

때로는 후회에
발목이 잡히기도 한다

- 이렇게 해서는 안됐었는데, 다른 방식을 시도했어야 했어

- 이제 너무 늦었어

- 기회를 날려 버렸어

- 내가 다 망쳤어

- 진작에 알고 있었어야 했는데

내 귀에는 다 헛소리로 들린다. 당신은 자신이 가진 모든 정보를 동원해서 주어진 조건 하에서 할 수 있는 최선을 다했다. 진심이다. 여기서 지금 당신에게 듣기 좋은 말로 구슬리고 있는 것이 아니다. 나는 정말 진지하다. 이전에도 말했듯이, 내가 경험한 바로는 누구나 항상 자신이 할 수 있는 최선을 다한다. 그들이 더 잘 할 수 있었다면, 그렇게 했을 것이다.

그러니까 이제 과거는 과거 그대로 온전히 받아들이자. 과거는 흘러간 그대로 이루어질 수밖에 없었다는 현실을 인정하고 받아들일 필요가 있다.

과거를 돌이켜 보고 우리가 알고 있는 한에서 항상 최선을 다했다는 것을 깨달을 필요가 있다. 비록 우리에게는 최선인 것이 항상 좋은 방법이 아닐 때도 있었지만 말이다. 뭔가 달리

했더라면 좋았겠다고 바라는 마음이 들 수는 있다. 그런데 그것은 마치 산이 걸어 움직여서 스스로 바다를 채우길 바라는 마음과도 같다. 모두 절대 가능하지 않은 일이다.

때로 어떤 일이 생겼을 때, 그로 인해 너무나 큰 상처를 받게 된다면 우리는 그 일을 부정하고 싶어한다. 그건 잘못된 일임이 분명하다고 치부해 버리는 것이다. 우리는 사랑하는 사람에게 그릇된 행동을 하기도 한다. 직관을 무시하고 좋지 않은 직업이나, 잘못된 관계, 악화된 상황에 필요 이상으로 더 오래 묶여 있기도 한다. 우리는 특정한 삶의 조건에 얽매이기도 하는데, 그것은 정말 끔찍한 경험이다.

그런 상황들을 장밋빛으로 채색해버리고 마치 좋은 일이라도 되는 양 해야 한다고 말하는 것은 아니다. 그런 행동은 비겁하고, 불경스럽고, 냉정한 것이다. 상처받으면 받은 대로, 화가 나면 나는 대로, 슬픔을 느끼면 느끼는 대로, 실망하면 하는 대로 당신의 감정을 표현해도 좋다.

그러한 감정을 표현하기 위해서 필요하다면 무엇이든지, 그것이 안전한 범위 내에 있기만 하다면 모두 시도해 보자(플라스틱 야구방망이로 침대 매트를 두들기거나 기도하고, 울고, 달리고, 쓰고, 노래하고, 용서를 비는 등의 모든 행동들을 말이다). 그리고 그런 감정을 해소하기 위해 도움이 필요하다면 자존심 따위는 내려 놓고, 회의감 따위도 접어 두고, 망설임 따위 던져버리고 손을 내밀어라.

우리는 모든 감정을 해소시키고 난 후에도 남아있는 진실을 대면해야 한다. 과거는 흘러간 그대로 이루어질 수밖에 없었다. 종종 과거에 관한 억눌린 감정을 벗어나게 되면 그것이 최선이었다는 것을 볼 수 있게 된다. 그리고 무슨 경험이었든 귀중한 가르침을 얻었다는 것을 깨닫게 되면, 그 경험에 온전히 감사한 마음을 느끼게 된다.

심지어 사랑하는 사람의 죽음에서도 사랑하는 사람을 잃은 슬픔이 얼마나 사무치는지와는 별도로 우리 모두가 죽음을 피할 수 없다는 자각을 하게 된다. 모든 의약품과 예방 조치와 안전 조치에도 불구하고 질병과 죽음과 사고는 여전히 발생한다. 마찬가지로 있을 법하지 않은 치유의 사건이나, 기적이나 간발의 차이로 재앙을 모면하는 일 등과 같은 것들도 여전히 발생한다.

그러니까 겸허하게 우리의 무력함을 인정하고, 직관과 감정에 자신을 보다 정직하게 내맡기고서 '이게 현실이구나' 하고 받아들이자. 그 현실은 아무리 우리가 부정한다 해도 바뀌지 않는다. 과거를 바꿀 수도 있다는 환상에 매달려서 살지 마라. 과거는 과거라고 인정해버리고 그에 대한 현재의 감상을 안은 채 앞으로 정진하는 삶을 살아야 한다. 과거는 현재 정의되어 있는 그대로이다. 이제부터 앞을 보고 나아가자.

ACTION STEP

나를 따라 해보자. "이제부터 나는 앞을 향해 나아가겠다.

PART. 12

모두가 찬사를
보내는데
왜
고약한 기분이
들지?

Get it done

이번 장에서는 비평과 호평 모두 대응할 수 있는 간단하면서 쉽고, 놀랄 만큼 확실한 기술을 소개하겠다. 왜냐하면 누구나 때로는 별볼일 없을 때가 있기 때문이다.

- 당신의 작품을 사랑해요.
- 우와, 당신 인생은 정말 완벽하군요.
- 당신이 내 인생을 바꿔 놓았어요.

굉장하지 않은가? 모두가 대단한 찬사이면서 당신을 정말로 인정해 주고 있지 않나? 바로 당신이 항상 원했던 바가 아닌가? 그런데 무슨 이유로 당신은 그렇게 끔찍하고, 자꾸 밑으로 가라앉는 기분이 드는가?

이제 막 명성을 얻기 시작할 때면 예상하지 못했던 여러 가지 생각과 느낌이 찾아올 수 있다.

- 난 엉터리인데.
- 다들 내 인생이 완벽하다고 생각하지만, 전혀 그렇지 않거든. 나 지금 기분이 완전 엉망이야.
- 인기가 너무 많다는 거, 왜 이렇게 지치지?

걱정하지 마라. 당신은 정상이다. 그저 아주 멋진, 그렇지만 여전히 문제적인 문제를 직면했을 뿐이다. 그러니까 이제부터 이 예상하지 못했던 생각들을 하나씩 살펴보도록 하자.

- 당신은 엉터리가 아니다. 그저 자신에게 지루해진 것일 뿐.

당신에게는 당신의 아이디어가 항상 익숙하게 느껴질 것이다. 왜냐하면 그것은 당신의 아이디어이니까 말이다. 당신이 생각해내서 이미 여러 번 검토도 해봤을 터이다. 그리고 우리의 두뇌는 언제나 익숙한 것보다 새로운 것에 더욱 흥미를 느낀다.

당연히 당신의 작품은 당신에게 너무 뻔하게 느껴질 것이다. 그렇다고 당신이 엉터리는 아니다. 오히려 당신이 혁신적인 존재라는 증거이다. 당신 자신에게는 낡고 오래된 당신의 아이디어가 우리 나머지 사람들에게는 완전히 새로운 것이니 말이다.

겉에서는 근사하게 보이는데
속을 파고들면 꺼림칙한 느낌이 들 때

실제로는 파산 상태인데 모두들 당신 사업의 건승을 축하하고 있으면 당신은 참으로 외로울 것이다. 또는 동업자와 진흙탕 싸움 중이어도, 또는 모두 포기하고 멀리 도망치고 싶다고 생각하는 중이어도, 또는 우울증, 건강문제, 가정적인 위기 등의 사생활적 문제로 시달리고 있다고 해도 말이다.

하지만 당신은 가정교육을 제대로 받은 사람이기 때문에 최악의 상황에서도 얼굴에 미소를 잃지 않고 마치 모든 것이 잘 풀리고 있는 양 행동할 것이다. 그리고 그렇게 하는 것이 옳기는 하다(거의).

여기서 짚고 넘어가야 할 것이 있다. 당신이 예술가가 된다는 것은 당신이 어느 정도 공인이 된다는 것을 의미한다. 그리고 당신은 대중이 받아들이게 되는 당신의 모습을 메시지에 담아 관리해야 한다. 그 메시지들은 당신이라는 브랜드를 분명하고 일관되게 담아내야 할 것이다. 그리고 무엇보다도 그 메시지는 당신의 고객, 당신의 관중, 당신의 팬에 관한 것이기도 해야 한다. 당신의 공적인 얼굴은 매끈하고 침착해 보일 필요가 있고, 당신의 개인적인 아픔들은 당신 속에만 담고 있을 필요가 있다.

당신이 격변, 혼란, 고통의 시기를 지나고 있을지라도 아무에게도 말하지 마라. 당신과 아주 가까운 친구나 애인, 가족 등 당신을 정말로 걱정하고 당신의 성공 여부와 상관없이 당신에 대한 애정이 있는 사람들은 물론 예외이다.

당신이 겉은 그럴싸한데 안으로 곪아 들어가는 상황에 처했다고 자각하게 될 때에는, 가능한 모든 도움을 받는 것이 필수이다. 개인적인 지원이나 원조, 심리치료, 심리상담, 절친과의 시간, 운동, 명상, 영적인 인도, 현실적인 충고 등 가능한 모든 종류의 도움을 받는 것이 좋다. 당신이 믿고 자문을 구할 사람들을 팀으로 모아서 그들과 함께 상황을 헤쳐나가도록 한다.

일단 당신이 울먹이지 않고 이야기할 수 있는 상태가 된 연후에 가능한 일이지만, 나중에라도 이런 당신의 이야기를 대중과 공유하고 싶을 수도 있다. 이 순간이 당신에게 중요한 전기가 될 수도 있고, 다른 사람들에게는 중요한 교훈거리가 될 수도 있고, 그리고 당신의 예술가로서의 삶에 있어서 가슴 따뜻한 순간이 될 수도 있기 때문이다. 물론 공유하고 싶지 않을 수도 있지만 말이다.

당신이 겪고 있는 고통은 뭔가 변화가 필요하다는 강력한 신호이다.
그러니 주의를 기울여 보자.
이것저것 조사하고 공부도 해봐라.
그리고 용기를 내자.
기억할 것은 이러한 상태가 절대 일상적인 것이 아니라는 것이다.

유명인사이기 때문에
겪어야 하는 고충

수잔은 총회에서 첫 번째 발표자로 지명되어서 아주 신이 나 있었다. 그녀는 특별한 대우를 받고 모두에게 주목받는 상황이 좋았고, 발표를 잘 준비해서 모두를 탄복시키겠다고 장담했다. 그리고 실제로 그렇게 되었다.

"삼일 내내, 쉬는 시간이며 점심시간이며 심지어 앞에서 다른 사람들이 발표하고 있는데도 사람들이 계속 나를 찾아왔어요. 내 발표가 얼마나 대단했는지, 또 자기들에게 얼마나 의미가 깊었는지 말해주고 싶었다고들 하더라고요. 그런데 나중에는 지치고 당황스럽기도 해서, 결국에는 기회가 있을 때마다 호텔방으로 달려들어가 숨어 있었어요. 너무 부담스러워서 어찌할 바를 모르겠어서요."

여기서 말해주고 싶은 점은, 사람들이 당신이 얼마나 대단한지 말해주는 경우에도, 그들이 사실은 당신에 대해 말하고 있는 것이 아니라는 점이다. 그들은 사실 자신들에 대해 말하고 있는 것이다. 자신들이 당신으로 인해 경험한 것에 대해 말하고 있는 것이다.

그들이 칭찬을 해주기 위해 왔다고 할지라도, 그 칭찬조차도 사실은 당신에게 해당되는 것이 아니다. 그들은 당신이 들을 필요가 있다고 생각해서 칭찬을 하는 것이 아니다. 그들이 해야 할 필요가 있어서 칭찬을 하는 것이다. 잘 생각해 봐라. 스티븐 스필버그와 대화를 나눌 기회가 생겼다고 하자. 당신이 그에게 그의 영화가 얼마나 대단한지 말하고자 하는 것이 그에게 그 칭찬이 필요해서일까? 물론 그렇지 않다. 당신이 스필버그에게 찬사를 건네는 경험을 가지고 싶기 때문에 당신은 그에게 말을 걸려는 것이다. 동의하는가?

칭찬은 기본적으로 대단히 좋은 일이다. 당신은 사람들이 당신을 원하고, 당신의 말에 관심을 가지고, 신경 써주기를 바란다. 공인으로서 당신은 당신에게 관심이 집중되는 상황을 대비하고 있어야 한다. 모두들 당신에게 무언가를 바랄 것이다. 대중적인 행사에 참여하게 되는 경우, 그에 대비한 훈련을 해두자.

충분한 휴식을 취해 두어라. 물도 미리 많이 마시고, 든든한 음식도 먹어 두자. '청중과의 대화' 같은 순서는 시간제한을 두도록 하자. 그리고 가능하다면 그 순서를 진행하고 관리할 사람을 고용하는 것이 좋겠다. 중간에 쉬는 시간을 가질 수도 있고 또는 온라인으로 질문을 받을 수 있게 하는 등 원활한 진행을 꾀할 수 있을 것이다.

수잔은 총회의 스타가 되는 것이 축복임을 잘 안다. 그래서 첫 번째 경험 이후로 에너지를 결집해서 그녀의 팬들과 보다 오랫동안 교감을 나눌 수 있도록 노력을 기울였다. 이에 대해 그녀는 이렇게 말했다.

"사실 모두가 나와 이야기하고 싶어해서 피곤해지는 편이, 아무도 신경쓰는 사람이 없어서 생생하게 있는 것보다 나는 좋아요."

무엇보다도 당신은 일부러 꾸며낸 모습이 아닌 당신의 본모습으로 사람들의 찬사를 얻고 싶을 것이다.

다른 사람의 관심은 고차원적인 고민거리이다.
그들을 너그랍게 대하고, 그들의 말을 경청하고,
그들에게 감사한 마음을 가져라.

속옷을 보이지 않고
자신을 드러내기

우리는 늘상 이런 말을 듣는다.

진정성을 보여라.

고유함을 보여라.

개성을 보여라.

그리고

당신이 상관할 일이 아니다.

당신이 점심으로 무엇을 먹었든 아무도 신경쓰지 않는다.

생각이 있어도 그냥 안에 담아두고 있어라.

그런데 어떻게 이 모든 규칙을 따를 수 있을까? 어떻게 선을 넘지 않으면서 개인적이고 진정성 있는 모습을 보일 수 있을까?

먼저 사적인 것과 개인적인 것의 차이를 짚고 넘어가자. 사적인 것은 당신의 사생활 속의 자잘한 사항들로 당신 자신이나 당신과 사적으로 얽혀 있는 사람들이 관심을 가질 만한 것들이다.

개인적인 것은 당신의 개성을 드러내는 것을 말한다. 그리고 이것은 거의 모든 사람들에게 흥미로울 것이다. 왜냐하면 우리는 모두 다른 사람들에게 지대한 관심이 있기 때문이다. 우리는 다른 사람들의 성격에 대해 알고 싶어하고, 또 그들과 우리를 비교해 보고 싶어한다. 때로 '우리가 다들 없어져 버렸으면 좋겠어'라고 소망하는 것만큼, 우리는 또한 이 지구상의 다른 모든 사람들에 대해 더 많이 알고 싶어 한다.

그런 이유로 더 많은 영화가 보고 싶고, 더 많은 이야기를 읽고 싶고, 더 많은 음악을 듣고 싶고, 블라인드 틈새로 남들을 훔쳐보고 싶은 것이다. 우리는 코가 꿰인 것이다. 그러니까 만약에 당신이 개성적인 존재로서의 자신에 대해 이야기를 시작하면 우리 모두 당신에게 코가 꿰일 것이다.

예를 하나 들어 보겠다. 약속을 잡아 놨는데 지각을 한 상황을 생각해 보자. 그리고 사과의 방편으로 이렇게 말하는 것이다.

"늦어서 죄송합니다. 그게 우리 고양이가 동물병원에 갈 일이 생겨서요. 그런데 내 차에 안전벨트가 시원치 않거든요. 그래서 제 신발끈이 걸려서 풀려버린 거지요. 그리고 알람시계가 또……."

이제 나는 지각을 한대다가 짜증스럽기까지 하다. 하지만 내가 늦게 와서 이렇게 말했다고 생각해 보자.

"늦어서 죄송합니다. 제가, 우리 할머니 말을 빌리자면, '설탕 5킬로그램을 4킬로그램 봉지에 담는' 짓을 하느라고요. 사과드립니다."

내가 늦었다는 점에서 여전히 쿨하다고 할 수는 없지만, 그래도 실수한 상황을 내 개성을 보여줄 수 있는 기회로 활용했다.

나는 당신에게 내가 너무 많은 일을 하려드는 사람이라는 정보를 준 것이다. 또한 변명하지 않고 그 사실을 인정할 만큼 자신을 잘 파악하고 있다는 것도 알릴 수 있을 것이다. 내가 할머니와 가까운 사이라는 것과 그분이 현명하고 촌철살인에 능하다는 것도 암시되어 있다. 나는 또한 한 번의 실수로 굽신거리며 자존감 낮게 굴지도 않으면서 사과가 필요할 때 제대로 타당하게 표현할 수 있을 만큼 감정적으로 성숙해 있다는 것을 보여주었다.

차이를 알겠는가?

첫 번째 예에서 나는 당신이나 우리 관계와는 상관도 없는 사항들과 그에 따른 세세한 내용들을 전달하는 데 그쳤다. 두 번째 예에서는 내가 가진 가치관, 개성, 유머 감각 등으로 소통하면서, 나라는 사람의 개성으로 당신에게 그리고 우리 관계에 영향을 주려고 했다.

또 다른 예를 하나 보자. 콜센터에 전화를 걸었는데 계속해서 상담원들을 전전하게 하면서 그 듣기도 싫은 '고객님의 전화는 우리에게 무척 소중합니다' 소리만 연거푸 듣게 되면, 그렇게 상담원을 하나씩 거쳐갈 때마다 점점 더 격분하게 될 것이다.

고객센터의 전혀 고객지향적이지 않은 비인간화 현상에 대응할 수 있는 유일한 방법은 전화기 너머의 상대에게 우리 둘다 실체가 있고, 살아있는 사람들이라는 점을 일깨우는 것뿐이다. 그래서 나는 다음과 같이 대응할지도 모른다.

"내가 지금 흥분한 것처럼 보일 거라는 걸 알지만, 내가 예술가 기질도 있고, 오지랖도 넓고, 사람이 사람 냄새가 나야한다고 생각하는 사람이었거든요. 그런데 그렇게 '저희 약관에 따르면, 고객님'만 주야장천 듣고 있는 거 정말 짜증 나 미칠 거 같아요. 그렇게 기계처럼 정해진 문구만 뱉어내는 거 본인도 재미없지 않아요? 그러니까 우리 일 분만이라도 실제 사람인 것처럼 대화 좀 할 수 있을까요?"

이렇게 말한다면, 당신이 어떤 사람인지 그 본모습이 드러나고 다른 사람의 인간성에 대해서도 알아볼 수 있을 것이다.

이 방법이 항상 효과적인 것은 아니지만, 한번 해볼 만은 하다. 다른 좋은 전략으로는, 그 도움 따위 되지 않는 콜센터 직원에게 이렇게 질문해보는 것이다.

"지금 전화받으시는 분이 지금 제 입장이 되면 어떻게 하시겠어요?"

이러면 보통은 헛웃음일지라도 상대방에게서 인간적인 반응을 끌어낼 수 있고, 때로는 좋은 해결책을 이끌어낼 수도 있을 것이다.

여기서 당신이 자신과 자신의 일에 대해 이야기하는 것이 무슨 의미가 있을까? 그것은 당신이 지루한 정보 대신에 생생한 은유를 이용해 소통을 한다는 것을 의미한다.

예를 들면, 당신 회사의 페이스북에 'X프로젝트 마감날이라 스트레스가 쌓인다. 거기다 어제 스케이트보드 타다 다쳐서 등쪽에 통증이 심하다' 대신에 '오늘 하루는 정말 별볼일없는 축제에서 푹푹 찌는 열기 속에 긴 하루를 보내면서 테디 베어 하나 건지지 못한 기분이다'라고 올릴 수 있겠다.

당신의 친구와 가족은 세부적인 내용까지 신경쓴다는 것을 기억하자. 하지만 대중은 당신 자체만을 바라본다. 혹은 아직은 아니더라도, 일단 당신이 자신의 본모습과 개성을 보여주고 세세한 사적인 사항들은 당신 안에만 담아둘 수 있다면 당신을 바라봐줄 수도 있을 것이다.

당신이 어떻게 잘 하고 있는지 내게도 알려주면 좋겠다(내가 이렇게 호기심이 많다).

자. 이제 자기 자신이 되어보도록 하자.

개인적으로 받아들이기

사적인 얼굴과 공적인 얼굴을 관리하는 것은 줄타기하는 것과도 같다. 곡예사들이 하는 것과 마찬가지로 머리를 쳐들고 눈은 앞을 직시하고, 얼굴에는 모나리자의 미소를 짓고 있으면 균형을 잡는 데 도움이 될 것이다. 당신 주변에서 어떤 곡예가 벌어지고 있든지 상관없이 말이다.

자아비판이 혹독한 만큼이나 다른 사람의 말이 평생 상처로 남을 수도 있다. 그저 가볍게 선의로 건네는 한 마디가 폭탄이 되기도 한다. 여러 해에 걸쳐서 그런 것들이 쌓여왔을 것이다.

"너무 예민하게 굴지 마라."

"그렇게 일일이 개인적인 공격으로 받아들이지 마라."

물론 당신은 그 말을 개인적으로 받아들이게 될 것이다. 다른 사람들도 모두 이런 말을 듣게 되면 개인적으로 받아들인다.

사람들이 당신에게 하는 말의 97%는 당신과는 전혀 상관없을 거라는 것이 내 생각이다. 그 사람들은 전적으로 자신들에게 말하고 있는 것이다. 그들이 처한 상황에서 그들이 들을 필요가 있는 내용으로 말이다. 그럼에도 불구하고 우리는 다른 사람의 의견에 귀기울여야 한다. 특히 그 의도가 좋든 나쁘든 상관없이 그러하다.

이제 내가 소개할 방법은 두려움, 자기회의, 비판, 칭찬공

포중 등을 극복하기 위한 가장 효과적인 방법 중의 하나이다. 나는 이것을 '때로는' 게임이라고 이름 붙였다.

✳ ✳ ✳ ✳ ✳

EXERCISE 17 : '때로는' 게임

이 게임의 목표는 두려운 생각과 아이디어를 가까이 할 수 있는 능력을 개발하는 것이다. 당연히 연습이 필요하다. 왜냐하면 우리는 본능적으로 그러한 생각에서 도망치거나, 아니면 그 생각을 억누르려고 하거나, 아니면 그 생각에 사로잡혀서 그것들이 크고 끔찍한 괴물들이 되어 그림자가 있는 곳이면 어디든 도사리고 있도록 만들기 때문이다.

자, 이제 그 괴물들을 침대 아래에서 끌어내고, 그것들 옆에 나란히 누워보자. 그저 같이 있기만 하면 된다. 평화스럽게. 이렇게 훈련을 하는 이유는 우리가 결정을 내려야 하는 순간 공포로 인해 머뭇거리지 않도록 하기 위해서이다.

흔히들 이렇게 말한다. '당신이 같이 있지 못하겠다고 하는 그것이 당신을 좌지우지한다'. 다르게 표현하면 '당신이 거부하는 그것이 항상 당신을 떠나지 않는다'는 말이다. 예를 들어 당신이 무례한 사람이 될까봐 걱정이라면, 무례를 피하겠다는 것이 당신이 하는 모든 판단의 기준이 된다.

좀 더 구체적으로 말하자면, 당신이 거미에 질색을 한다면 평생을 거미가 나올 것 같은 장소는 피하게 될 것이다. 하지만 당신이 거미가 있어도 참을 수 있게 된다면, 당신은 어느 곳에든 갈 수 있게 된다(주의사항: 이번 과제는 당신의 저 안쪽 깊은 곳의 감정을 불러낼 수 있다).

이 과제를 진행하는 동안, 그 이후에도 정신적인 안정을 취할 수 있도록 유의하길 바란다. 하지만 아무리 깊이 들어간다고 한들 감당하지 못할 수준까지 들어가게 되지는 않는다.

1단계. 상처가 되는 생각을 작성해 보자

'때로는 게임'을 하기 위해서, 누군가 당신의 작품에 대해 말할 법한 내용으로, 진심으로 당신의 감정을 상하게 할 만한 말이 있다면 지금 머리에 떠오르는 대로 작성해 보자. '당신은 말도 안 되는 엉터리이다' 또는 '당신 작품은 지루하다' 등의 예를 들 수 있겠다.

다음으로, 가상의 부모를 상상하고 그 부모가 당신의 감정을 상하게 할 말을 하게 된다면 그 내용이 어떻게 될지 작성해 보자. 실제 부모님이 할 만한 말, 또는 했던 말을 적을 수 있겠다.

아마도 '너에게 정말 실망이다' 또는 '네가 혐오스럽다' 등을 적어낼 수 있겠다.

마지막으로 가상의 연인이 심술궂게 말할 법한 내용을 작성해보자. 마찬가지로, 실제로 들어본 말을 적어도 좋고 지어내도 상관없다.

아마도 '당신은 못생겼다' 또는 '키스도 제대로 못하는 사람이다' 등이 있을 수 있겠다.

2단계. '때로는'이라고 덧붙여 보자

이제 각 문장들을 1인칭('당신은……' 대신 '나는……')으로 바꾸어 써보고 그리고 '때로는'이라는 마법의 단어를 앞에 붙여 써보자.

그러면 첫 번째 문장은 '때로는 나는 말도 안 되는 엉터리이다'가 되겠다. 그 문장을 크게 읽어 보자. 그렇게 당신 혈관을 타고 몸 전체를 돌아오도록 한다.

이 말이 맞는 경우가 있었나? 아주 약간이라도?

당신이 엉터리였던 때가 기억나나?

당신이 사랑하는 사람이 엉터리였던 때는 어떤가?

내 경우, 대답은 항상 '그렇다'이다.

아주 약간이라도 그런 적이 있을 것이다. 나에게는 의도적이었든 그렇지 않든지 간에 부정행위를 했던 기억이 있다. 물론 되살리고 싶은 기억은 아니지만, 당신에게도 분명 있을 것이다.

누군가 나에게 '때로는 당신은 말도 안 되는 엉터리입니다'라고 할 수 있고, 거기에 내가 '그렇습니다. 맞는 말이에요'라고 대꾸할 수도 있다고 생각하면서도 내 마음을 평화롭게 유지할 수 있게 될 때, 나는 다음 문장으로 넘어간다.

'때로는 내 작품은 지루하다.'

맞는 말인가? 당연히 그렇다.

때로는 나 자신이 스스로 지루해 죽을 지경일 때가 있다. 그리고 때로는 다른 사람들이 나를 지루하게 하기도 한다. 나도 다른 사람들을 지루하게 만들었을 거라고 확신한다.

1단계에서 작성한 문장들을 모두 거쳐갈 때까지 계속 진행해 보자.

3단계. 사랑이 담긴 생각을 작성해 보자

이제 칭찬을 가지고 같은 과정으로 진행해 보자.

누군가 당신 작품에 대해 해줄 법한 내용으로 당신이 상상할 수 있는 최고로 좋은 말을 적어 보자. 당신이 얼굴을 붉히거나 바닥을 긁을 만큼 낯간지러운 말도 좋다.

'당신 작품은 영감의 원천입니다' 또는 '당신이 세계 최고입니다!' 정도의 말이 있을 수 있겠다.

당신의 뼛속까지 전율이 일게 할 만한 내용으로 가상의 부모님이 해줄 수 있는 말은 무엇이 있을까? '너는 우리에게 항상 기쁨만을 가져다 주는구나'라는 말을 들으면 굉장할 것이다.

이제 당신의 가상의 연인 차례이다. '당신의 사랑이 나를 완전히 새로 태어나게 했습니다' 또는 '당신은 세상에서 제일 매력적인 사람입니다!' 정도면 어떨까?

4단계. 여기에도 '때로는'이라고 덧붙여 보자

이제 문장을 1인칭으로 바꾸고 '때로는'이라는 마법의 단어를 덧붙여 보자. 그리고 크게 읽어 본다.

'때로는 내 작품은 영감의 원천입니다.'

'때로는 내가 세계에서 최고입니다.'

'때로는 나는 항상 기쁨만을 가져다 줍니다.'

'때로는 나는 세상에서 제일 매력적인 사람입니다.'

모두 사실인가? 때로는? 이제 받아들이겠는가?

남들의 칭찬과 비판 모두를 받아들이는 법을 배우는 것은 성숙한 영혼 및 창작자로 성장하는 데 매우 중요하다. 유념할 점은 당신이 그 의견들에 동의할 필요는 없다는 것이다. 그저 받아들이면 된다.

결국에는 당신 작품은 세상에 나갈 것이고, 누군가는 그것을 정말로 좋아하게 될 것이다.

그리고 누군가 그렇지 않을 사람도 물론 있을 것이다.

당신이 그냥 듣고 있기 어려운 말을 누군가 하면 '때로는 게임'을 해보아라. 그러면 좀 더 차분하고 품위있게 처신할 수 있을 것이다.

내가 보장하는데, 당신 작품 중 가장 인기를 끌게 되는 것이 당신이 가장 좋아하는 것은 아닐 것이다. 거의 확신한다.

"진짜? 흠. 내 최고 역작은 아닌데."

하지만 그러면 어떤가? 너무 얽매일 필요 없다.

다른 사람들은 자기들이 좋아하는 것을 좋아하게 된다.

자신에게
관대해져도 좋다

스스로에 대한 긍정적인 사고를 가져도 괜찮다. 우리 중 많은 사람들이 이른바 지식인 가정에서 성장했다. 그래서인지 말하는 데 근거가 불확실하면 말도 안되는 소리로 치부되곤 했을 것이다. 그런데 나는 당신에게 조금 망상을 가져도 좋다고 말하고 싶다.

당신은 자신에게 칭찬을 하는 것이 조금 꺼려질 수 있다. 이해한다. 아마도 당신의 부정적인 면이 '분수를 지켜'라고 하는 소리가 들릴 것이다. 그리고 당신은 '잘난 척' 하고 싶은 마음이 없다. 당신은 잘난 척하게 되지 않을 것이다.

＊ ＊ ＊ ＊ ＊

EXERCISE 18 : 멋진 일 열 가지

1단계. 성공한 경험, 이긴 경험, 행운을 얻은 경험 등 중에서 지난 해에 생겼던 좋은 일 열 가지를 적어보자

지난 12개월 간 생긴 일 중에서 좋은 일 열 가지만 적어보자. 당신이 직접 이루어낸 일일 수도 있고('카드빚을 탕감했다'

또는 '통닭구이 비법을 마스터했다'), 그저 당신에게 생긴 일일 수도 있고('사촌에게서 엄청난 생일선물을 받았다' 또는 '솔로 공연을 제안 받았다'), 당신 주변에 생긴 일이거나('침실 창 밖에 재스민이 피어서 천상의 향이 난다' 또는 '시끄러운 이웃이 마침내 이사갔다'), 위의 상황들이 복합적으로 결합된 일일 수도 있다.

최고 순위를 가리느라 머리를 복잡하게 만들지는 마라. 작성한 후 다시 볼 때 고개가 끄덕여지고 얼굴에는 미소가 번지면서 '맞아. 정말 좋았어'라고 생각할 수 있는 일이면 된다.

2단계. 당신에 대해 좋은 점 열 가지를 적어보자

당신에 대해 좋은 점 열 가지만 적어보자. 민첩함이나 사랑스러운 눈동자처럼, 당신이 태어날 때부터 가지고 나온 것들이 있을 수 있다. 정원 관리 기술이나 오래달리기 능력처럼 당신이 갈고 닦은 훌륭한 기술이 될 수도 있다. 아니면 안전하고 조심성 있는 운전자라는 점과 당신이 다른 사람들의 생일을 잊지 않고 항상 챙겨주는 점 등과 같이, 다른 사람들이 당신에 대해 높게 평가하는 면을 들 수도 있겠다.

자신을 닦달해서 열 개까지는 끌어낼 수 있도록 한다.

궁극적으로 이 과제를 통해서 얻고자 하는 바가 당신이 가진 특별한 점 열 가지를 적는 것은 아니다. 또는 당신이 아니면 다른 누구도 해낼 수 없었던 일 열 가지를 적는 것도 아니다. 그저 당신이 보면 '그래. 괜찮네'라고 말할 수 있는 좋은 점 열 가지를 적는 것이다.

악의없는 사람들과
대화하는 기술

잘했다. 방금한 과제는 당신에게 자신의 인생이 고생스럽고 개선이 필요한 것만은 아니라는 점을 일깨워 줄 뿐만 아니라 다음번에 누군가 "어떻게 지내요?"라고 물어 오면 말할 거리를 준다는 점에서 유익하고 재미있는 과정이다.

우리는 대화 거리 또는 대화할 때 사용할 양념거리가 필요하다. 사람들은 예술가라고 하면 늘 화제의 중심에 세워 놓곤 한다. 그리고 질문을 던져댄다.

"책은 어떻게 진행되고 있어요?"

"최근에 오디션 좋은 거 뭐 봤어요?"

"전에 한다고 했던 거 여전히 작업 중인가요?"

한숨이 절로 나온다.

사람들이 그렇게 질문을 해대는 것은 그들이 그만큼 우리에게 관심이 있고, 사실 우리가 하는 일을 상상하기도 힘들고, 우리 같은 사람은 어떻게 일을 하는지도 궁금하고, 그리고 때로는 달리 할 말이 없어서 그러는 것뿐이라는 것을 우리도 안다. 사실 우리가 스톡 옵션 같은 이야기에 관심이 없을 거라는 것은 너무 자명하니까 말이다.

어찌되었든 사람들이 그러는 것이 우리를 난처하게 하려고 하는 것도 아니고, 우리의 진척 상황을 점검하면서 기분이 상하게 하려고 하는 것도 아니지 않은가? 비록 그들이 우리를 난처하게 하는 경우도 있고 진척 상황 때문에 우리가 기분이 상하는 경우도 있기는 하지만 말이다.

우리는 내세울 만한 최근 실적이 없으면 뭔가 실패라고 생각한다. 절대 그렇지 않다.

어떤 이유에서든, 누군가 질문한 내용에 당신이 대답하고 싶지 않은 기분이 들면, 오래된 PR기술을 사용해 보자. 그 질문 대신에 그 사람이 물어봐 주었으면 싶었던 질문에 대답을 하는 것이다. 그러니까 당신이 한창 작업 중인 일이 있을 때 누군가 그 진행상황을 물어보면, 당신이 바로 전에 작성해 놓았던 목록을 참고해서 이렇게 대꾸할 수 있다.

"잘 되고 있어요. 아시다시피 제가 뭐든 진행이 빠르잖아요. 그래서 요사이 정원일 하면서 천천히 가는 법을 배우고 있습니다. 지금 키우고 있는 애호박이며 백일홍 얘기 좀 들어보실래요?"

잘했다. 그렇게 갑자기 화제를 바꾸는 것을 권하는 바이다.

굳이 무례하게 굴지 않고도 당신은 대화를 원하는 방향으로 주도해 나갈 수 있고, 또 당신에게는 원하지 않는 질문에 즉답을 피할 권리가 있다. 여기서 당신은 유연하게 대화를 이끌고 있을 뿐 아니라, 자신이 꽤 괜찮은 사람이고 자신에게 좋은 일이 생기고 있다는 점을 스스로에게 일깨워주고 있기도 하다. 뭔가 생각해 내야 한다면, 당신의 좋은 점으로 하는 것이 왜 안되겠는가?

　'좋은 점 열 가지' 목록은 여러 모로 유용하게 쓸 수 있다. 인터뷰나 데이트 할 때, 자기소개서나 개인 홍보물을 제작할 때, 홈페이지를 만들거나 약력 소개가 필요할 때 등 '자신에 대해 이야기 좀 해주세요' 하는 요구가 있는 곳이라면 어느 곳에나 활용도가 높다.

악의 없는 가족과
대화하는 기술

우리 모두는 혈연으로 맺어진 가족과 함께 친분으로 이루어진 가족을 가지고 있다. 어른이 되어서 가능한 특전은 당신을 사랑하는 친구들로 구성된 두 번째 가족을 고를 수 있다는 점이다. 당신의 가족은 당신을 사랑하고 당신에게 마음을 쓰고 당신이 잘 되기만을 원하지만, 대부분의 경우 당신이 하는 일에 대해서는 잘 알지 못하며 관심도 없다.

그들은 당신이 하는 일을 이해하지 못한다. 당신이 그 일을 하는 이유도 이해하지 못한다. 그들에게는 약간 정신 나간 일로 보일 수도 있다.

그러면 어떤가? 당신의 가족은 당신을 인간으로서 사랑하고 의지가 되어주는 의미로 존재하는 것이다. 그들은 당신의 관객이나 고객이나 비평가로서 존재하는 것이 아니다.

아무에게도 당신이 하는 일과 그 일을 하는 이유를 이해해주기를 기대하지 말아라. 소방관이 불구덩이 건물 속으로 뛰어들어가는 이유를 당신은 이해하는가? 신경외과전문의가 누군지 모를 환자의 뇌에 손을 집어넣는 이유를 이해하는가? 우리는 그저 그들이 하는 일에 감사할 뿐이다.

예술도 마찬가지이다. 예술가가 아닌 사람들은 당신처럼

된다는 것이 어떤 것인지 전혀 감을 잡지 못한다. 또한 부모가 되어보지 못한 사람들은 자식이 있다는 것이 어떤 것인지 알 수 없고, 우울증을 앓아보지 않은 사람들은 삶이 얼마나 암울하게 보일 수 있는지 상상도 할 수 없다.

그러니까 가족이 당신의 작품에 대해서 무지하고 폄하하는 듯한 말을 해서 당신을 짜증나게 해도 그저 고개 숙인 채로 방어막을 장착하고 화제를 전환해라.

ACTION STEP

당신을 화나게 한 사람이나 행동이 못마땅했던 사람을 떠올려 봐라. 그리고 그 사람에 대해 좋은 점 열 가지를 적어 보자('때로는'을 넣는 것이 도움이 된다면 덧붙여도 좋겠다). 어떤 느낌이 드는가? 만약 느낌이 강렬하다면 그 상황을 가지고 예술 작품을 한 번 구상해 보자.

298

PART. 13

거의
다 한 일을
그만두었는가?

Get it done

창작하는 사람들의 마음을 상하게 하고 싶다면, 완성시키지 못하고 남겨둔 프로젝트에 대해서 물어보면 된다.

그런데 조금 획기적인 생각을 소개해 보겠다.

완성이 가지는 의의는 때로 과대평가되어 있다. 이 말은 즉, 어떤 프로젝트들은 그 과정 자체가 가치있는 것으로, 끝을 낸다는 것이 불필요한 경우도 있다는 것이다. 일기쓰기를 예로 들어보자. 일기쓰기는 일기를 쓰는 행위가 가치가 있는 것이지, 켜켜이 쌓인 일기장들 때문에 의미가 있는 것이 아니다.

때로 우리는 그저 실험을 해보기도 한다. 영화대본을 쓰기 시작해서 15장 정도 작업했는데, 그 길이 당신과는 맞지 않는다는 것을 깨닫게 될 수 있다. 좋은 일이다. 그 대본을 치워버리는 것을 허한다.

하지만 당신은 정말로 끝까지 하고 싶었던 일을 중간에 그만두기도 한다. 그때는 어떻게 하나? 삼분의 이쯤 진행하다가 나가떨어지는 경험은 누구에게나 있을 것이다. 누구에게나 말이다. 이 고비를 넘길 수 있도록 밀어주고 기적이 일어나는 것을 지켜보자. 다른 모든 것을 떠나서 당신이 스스로 포기할 것만 같은 고비를 스스로 밀어서 넘어가는 기적을 만들어 보자.

아래에서 당신이 결승점까지 갈 수 있는 방법 몇 가지를 논의해 보도록 하겠다.

실패로 얻는 이점에 대해 내가 말하는 이유는?
간단히 말해서, 실패는 꼭 필요하지 않은 것을 떼어냈다는 것을
의미하기 때문이다.
나는 나에게 맞지 않는 옷을 입는 걸 초저녁에 그만두었다.
그리고 바로 모든 에너지를 모아서 내게 중요하게 다가오는 유일한 일에 쏟아붓기
시작했다.

– J.K. Rowling

더 큰 당근을
내밀어라

프로젝트를 끝내는 것이 더욱 신나는 일이 될 수 있도록 장려할 수 있는 가능한 방책들을 모색해 보자. 예를 들면, 책 제안서를 4월 1일까지 제출하면 해변에서 사흘간 휴가를 즐길 수 있다고 상상하는 것이다. 작은 일일지라도 당근이 커지면 그 효과를 볼 수 있다.

피하고 싶은 전화통화를 꼭 해야만 하는 경우, 나는 전화 통화를 끝내면 침대에서 반 시간 동안 독서를 즐길 수 있다고 스스로에게 약속한다(재택근무의 좋은 점인데, 내가 제시하는 보상은 많은 경우 침대에 갈 수 있는 특권을 제시한다).

더 센 채찍을
휘둘러라

프로젝트를 끝내지 않는다면 더 고달파지게 만들 방법을 모색해 보자. 예를 들어, 믿을 만한 친구에게 500달러 수표를 끊어 주고 만약에 내가 책 제안서를 4월 1일까지 완성해서 그에게 보여주지 못한다면 그 돈을, 내가 가장 질색하는 사회적·정치적 명분을 위해 지출하도록 하는 것이다.

내가 처음 이 전략을 알게 된 것은 십 년 전의 일로 내 친한 친구인 에이미 알러스에게서 배웠다. 그녀는 자기계발 코치이면서 《여자의 마음은 거짓말을 한다》라는 베스트셀러의 저자이다. 이렇게나 세월이 흘렀지만 나는 여전히 이 방법을 잘 활용하고 있다.

프로젝트의 범위 및 규모를 줄여라

"R.J.! 이건 정말 커요. 어마어마하다고요!"

시네마스코프 영화를 본 할리우드 영화작가의 외침이다. 시네마스코프와 스테레오 사운드가 처음 나왔을 때만큼이나 당신의 비전이 당신에게는 압도적일 수 있다. 비전의 그 웅장함에 압도되어 당신은 어찌할 바를 모른 채 굳어버릴 것이다.

이럴 때 프로젝트의 규모를 조금 줄이면 조금 마음이 편해질 수 있다. 그러니까 류트를 사랑하는 사람들의 모임을 생각할 때, 발표 및 공연, 무역박람회 등으로 구성된 거창한 회합을 결성하는 대신에 류트를 사랑하는 사람 열 명 내외를 집으로 초대하는 모임을 가져보는 것이다. 이러한 전략은 규모가 큰 사업을 시험삼아 해보려고 할 때 특히 효과적이다.

한때 무용교습소를 열겠다는 꿈을 가진 버지니아라는 상담자가 있었다. 그런데 그녀는 부지불식간에 부동산 임대 및 보험, 직원 보수 등 다루기 힘든 문제들에 짓눌려 버렸고, 결국 의기소침해졌다.

나는 그녀와 함께 그녀가 애초에 가졌던 아이디어 및 포부를 상기하는 시간을 가졌다. 그녀는 젊은 예술가들과 같이 작품을 하고, 무용에 영적인 면을 도입하고, 자신이 무용가로서 이미 경험한 것을 바탕으로 실제적인 도움과 조언을 제공하고 싶다는 포부를 가지고 있었다. 그녀는 1일 집중반 수업을 통해 다시 일을 시작해볼 수 있겠다고 마음먹기에 이르렀고, 그녀가 다니는 교회에서 장소를 매우 저렴한 비용으로 빌릴 수도 있을 것 같았다. 그렇게 생각하니, 15명 정도의 무용가들을 한 공간에 모아서 하루짜리 프로그램을 진행하는 아이디어가 갑자기 할 만하게 느껴졌다.

결국 버지니아는 움직임과 정신적인 것의 연계에 초점을 두는 무용교습소를 내는 데 성공했다. 하지만 그녀가 다니는 교회가 주관이 되는 형태였다. 그렇게 그녀는 골치 아픈 운영 관련 문제들에서 헤어날 수 있었고, 정말 원하던 교습에만 집중할 수 있었다.

프로젝트의 범위 및
규모를 키워라

지루함이 당신을 무기력하게 만드는 경우도 있다. 당신은 프로젝트를 너무 작고 소박하게만 생각하고 있었는지도 모른다.

당신이 만든 장신구를 동네 공예전에서만 팔려고 할 것이 아니라 전세계에 퍼져있는 부유한 팬들을 대상으로 온라인 판매를 도모하는 것이 훨씬 더 신나는 일이 될 것이다. 지역 합창 동호회 오디션을 보러 다니는 대신, 피아노 바에 하루 저녁 예약을 잡고 그곳에서 당신만의 공연을 제공해보는 것도 좋을 것이다.

이렇게 해보자. 당신 목표에서 숫자로 나오는 것을 적어보자. 그리고 그 뒤에 0을 하나 더해보자. 그러니까 1만 달러를 벌고 싶다고 생각해 왔다고 할 때, 10만 달러 벌이를 할 수 있는 아이디어를 구상하게 되면 어떻게 되나? 5개 내지 10개 정도의 판매목표로 작업을 진행 중이라고 할 때, 50개에서 100개 정도가 판매된다면 또 어떨까? 이메일 주소록에 한 명씩 추가하는 대신에 한 번에 천 명을 새로 등록할 수 있는 방법을 알게 되면 또 어떨까?

생각의 규모를 키우면 당신이 스스로 만들어 놓은 한계를 극복하는 데 도움이 된다. 당신이 혼자 힘으로 무엇을 할 수 있을까 하는 고민은 그만두게 되고, 이 엄청난 도약을 이루기 위해서는 무엇이 필요할까 하는 고민을 시작하게 된다.

'그 프로젝트에 필요한 것이 무엇일까?'라고 생각하는 것이 '이걸 나 혼자 어떻게 하지?'라고 생각하는 것보다는 생산적인 일이다.

사업적으로 성공한 예술가 아무나 붙잡고 성공의 비밀을 물어봐라. 누구나 이렇게 말할 것이다.

"내가 가진 틀을 깨고 나왔어요."

ACTION STEP

당신이 하고자 하는 프로젝트를 세 개에서 다섯 개 정도의 다양한 규모로 변형해 보고 어떤 규모가 가장 적당한지 고민해 보자.
(주의사항 : 당신이 할 수 있는지 여부를 고민하지 마라. 그저 당신의 심장을 두근 거리게 만들고 그 생각만으로도 살 만해지는 그런 선택을 해라)

PART. 14

작품을
세상에 내놓을
준비하기

Get it done

사자굴 속의 다니엘역자 주: 구약성경에서 다니엘은 사자굴에 던져졌지만 하나님의 가호로 무사히 살아나오는 기적을 보여주었다., 마침내 오즈를 만나게된 도로시, 달에 첫 발을 내딛은 암스트롱의 감정을 모두 뒤섞어 놓을 수 있다면, 바로 그 감정이 당신이 자신의 작품을 세상에 내놓을 때의 심정과 유사할 것이다.

당신의 작품을 발표하는 것은 정말 겁나는 일이다. 하지만 결국에는 해야만 하는 일이라는 것을 알 것이다. 혼자 안고만 있는 프로젝트는 취미로 남을 뿐이기 때문이다.

취미인가,
작품활동인가?

당신이 느끼기에 당신의 예술은 세상과 나누어야 할 것만 같은 것이다. 당신의 예술은 세상이 당신의 방식대로 당신이 선택한 매체를 통해서 받아들여야 하는 것이다. 당신의 예술은 세상을 치유하는 데 보탬이 되고자 하는 당신의 진정 어린 노력의 표현이다.

당신 자신도 예술로 많은 치유를 받았다. 당신이 실연의 상처를 벗어나도록 도와준 그 영화를 기억하나? 언제나 당신의 마음을 어루만져주는 그 노래는 어떤가? 당신을 황홀하게 만들었던 그 조각상은? 당신은 예술의 힘으로 치유를 받았고, 당신의 작품을 세상과 공유하는 것으로 그 보답을 하고 싶은 욕망을 느낄 것이다.

이와 달리 취미는 그저 당신 자신만을 위한 것이다. 취미는 자신이 즐겁기 위해 하는 것이며, 당신의 영혼을 살찌우는 것이며, 다른 사람들에게도 기쁨을 줄 수는 있지만 결정적으로 세상에 내놓으려는 목적으로 하는 것은 아닌 것이다.

예술활동을 취미생활과 혼동하는 것은 위험한 일이다. 취미에 불과한 것에 예술의 무게를 얹어 놓는 것은 공정하지 않다. 당신이 아기 선물로 만든 퀼트 소품을 누군가가 만들어서 팔아보는 게 어떠냐며 감탄을 한다고 해도, 그저 감사의 웃음으로 넘기도록 하자. 그 퀼트 소품은 당신이 퀼트 작업을 사랑하기 때문에 만든 것이다. 당신은 어떤 종류의 의무감으로도 그 사랑을 훼손하고 싶지 않을 것이다.

다른 한편으로, 당신이 하는 예술의 그 정당한 가치를 부정하고 그저 '소소한 취미활동' 또는 '형편없는 프로젝트' 또는 '보잘것없는 아이디어' 등으로 폄하하는 것은 잔인한 일이다. 당신의 작품을 세상에 내놓고 싶다고 가정하고 (이제는 뒷마당에 전시해놓는 일은 그만둘 때이다), 여기 당신이 자신의 작품을 시장에 상품으로 내놓을 때 고려해야 할 몇 가지 단계들이 있다.

이론은 이제 충분하다. 이제 실전에 나서보자. 그리고 우리가 돈 되는 일에 재능이 있는지 없는지 확인해 보자.

＊ ＊ ＊ ＊ ＊

EXERCISE 19 :

오늘 돈벌이에 돌입하도록 도와주는 7단계 따라하기

단계별 과정은 당신의 구미에 맞게, 당신의 기준에 맞춰, 당신의 프로젝트에 적합하게 얼마든지 변형해도 좋다. 모든 단계를 오늘 하루에 다 해치울 수도 있을 것이고(정말로 하루 안에 다 하는 것도 가능하다), 여러 날에 걸쳐서 할 수도 있다.

따라하지 않겠다고 마음먹을 수도 있다(물론 그래도 좋다).하지만 그렇더라고 해도 당신이 하게 된다면 어떻게 하게 될지 생각은 해보았으면 좋겠다.

사업이 잘 풀리는 것이야말로 가장 흥미로운 예술이다.
돈을 버는 것은 예술이고 일하는 것도 예술이고
성공적인 사업은 최고의 예술이다.
- Andy Warhol

1단계. 작품 하나를 고르자

이미 만들어 놓은 작품 중에서 사람들과 나눌 만한 것이 있는지 생각해 보자. 이야기가 될 수도 있고 노래가 될 수도 있다. 인쇄물이거나 제품이거나 포스터, 또는 음반 녹음일 수도 있다.

무엇을 골라야 할지 어려움이 있다면, 당신 작품을 잘 아는 사람에게 부탁해 보자. 때로는 우리가 놓친 것을 다른 사람들은 잘 기억하고 있을 수도 있다. "이야, 그 말씀하신 책상 정리하는 법 같은 건 어디다 내다 팔아야할 거 같아요? 정말 대단하네요!" 또는 "zazzle.com에 티셔츠 디자인해서 올려놓은 것 어떻게 되었나요?" 같은 말을 들어 본 적이 있을 것이다(정작 당신은 그 티셔츠에 대해서는 깡그리 잊어버린 상태인데……).

가상 제품 또는 디지털 제품의 경우는 웹사이트를 통해서 직접 내보일 수도 있다. 웹사이트를 쉽게 구축할 수 있도록 도와주는 인터넷 서비스들도 있다. 심지어 인터넷 도메인이 없이도 운영할 수 있도록 해주기도 한다. 녹음 작업을 어떻게 해야 하나 고민이 된다면, 역시나 온라인으로 무료서비스를 제공하는 업체들이 많이 있다. 전화로 호출하고 녹음해서 바로 사용가능하다.

만약 적당한 것이 아직 준비되어 있지 않다면, 십 년 전 자기 모습을 떠올려 보자. 그때 당신이 하고자 하는 프로젝트와 연관해서 당신이 가졌더라면 좋았을 거라고 생각하는 정보로는 어떤 것이 있을까? 당신에게 도움이 되었을 통찰력으로는 또 어떤 것이 있을까?

예를 들면, 스티브는 '로스엔젤레스에서 텔레비전 구성작가가 되려면 알아야 할 세 가지'라고 말할지 모른다. 샘은 '제품가격 정하는 법, 환불 정책'이라고 말할 것이다. 그 정도면 훌륭하다. 이제 이 제품에 당신 마음에 쏙 들 이름을 지어 보자. 너무 어렵게 만들지 마라. 이름을 정할 때는 알아듣기 쉬운 것이 최고다. 이제 이름을 적어보자.

2단계. 출고준비를 마치자

내세울 만한 작품이나 제품이 준비완료 상태라면, 이 단계를 건너뛰어도 좋다. 준비를 거의 마친 상태라면, 베타버전을 바로 배포할 수 있을 만큼 마무리를 지어보자. 한 시간 안에 마치도록 한다. 그러니까 워드 파일은 PDF로 전환시킬 것이며, 시각적인 요소를 좀 가미하고, 로고도 끼워 넣고, 늘어지는 머리말도 좀 쳐내서, 바로 내보낼 수 있는 상태로 갖춰놓도록 하자. 그리고 눈높이를 낮추어 놓는 게 필요하다.

눈높이가 어디쯤 와 있나? 더 낮추어 봐라. 거기서 조금 더 낮추어 본다. 그 정도면 됐다.

3단계. 돈 벌 준비를 하자

가격을 정해보자. 처음에 어림한 가격보다 그 삼분의 일 정도 더 높은 가격으로 간다. 그 가격이 너무 높은 것이 아닌가 걱정이 된다면, 구매 후 만족하지 못하면 환불을 보장해 주겠다고 해라. 하지만 자신이 오히려 넘치게 해줄 거라는 것을 당신도 알 것이다.

필요하다면 유사한 제품의 가격을 알아봐도 좋겠다. 15분을 초과하지는 말아라. 당신의 작품을 공장에서 대량 생산된 제품들과 비교하지는 말자. 창고형 매장에서 파는 물건들이야 당연히 훨씬 더 저렴할 것이다. 하지만 그것은 당신이 수공을 들여 만든 것들과는 다르다. 당신은 일생의 기술과 재능을 작품 속에 집약시켰다. 즉, 문구점에서 잔돈 몇 푼에 카드를 판다고 해서, 당신이 수채화 작업으로 만든 세상에 단 하나뿐인 카드에 그런 낮은 가격을 책정해야하는 것은 아니다.

4단계. 배송을 해결하자

제대로 된 이메일 주소를 만들어라. 아직 사업용 이메일 주소를 만들지 않았다면, 웹사이트와 연계된 것으로 하나 설정해 놓자. 대부분의 웹호스팅 서비스는 이메일 주소를 무제한으로 제공해준다. 이 방법이 여의치 않을 경우, g메일로 계정을 하나 만들자. 주소는 당신 사업관련 이름@gmail.com가 적당할 것이다.

당신의 개인 이메일 주소나 대중적이지 않은 포털의 계정은 사용하지 말자. 비록 미약하게 시작할지라도 아마추어로 보일 수는 없다.

결제가능한 방법을 마련해라. 지금 이 책을 집필하는 시점 기준으로, 페이팔이 쓸 만하다. 구글 체크아웃도 좋고, 아마존 페이먼트도 괜찮다. 마음이 가는 쪽으로 선택해 보자. 물론 이 책이 출판될 때쯤, 획기적인 결제시스템이 나와 있을지도 모른다. 다 떠나서, 결제관련해서 결정해야 할 때도 15분을 넘기지는 말자. 아이패드나 스마트 기기에 부착해서 쓰는 개인용 카드단말기가 무료 이용가능한데, 그 이용률이 저조한 이유를 모르겠다. 마당 세일에서 밖에 쓸 일이 없다고 하더라도 하나 구비해 놓을 만하지 않나?

배송을 어떻게 할지 알아두어라. 당신의 작품은 어떤 방식으로 배송되나? 이메일로 가능한가? 그렇다면 자동응답 메일을 쓸 수 있나? 우편으로 보내야 하나? 웹페이지로 접속해야 하는 디지털 작품인가? 그렇다면 웹주소를 전달하기만 하면 되나?

풀필먼트 하우스^{fulfillment house}는 정말 신통방통하다. 책, 포스터, 카드집, 스케이트보드, 마우스패드, 앞치마 등 어디에든 인쇄를 박아 준다. 인쇄뿐 아니라, 포장에 배송까지 책임지기 때문에 당신은 우체국에 갈 일이 없을 것이다. 대단하다. 좋은 곳을 하나 물색해 보자.

5단계. 집 밖으로 끌어내자!

이제 지인들에게 당신이 새로운 음반/PDF/이북/티셔츠/워크북/동영상 등을 출고했는데 모두와 나누고 싶다고 알리는 간단한 이메일을 작성해보자.

당신의 작품을 구입하면 좋은 점 세 가지를 적어본다(힌트; 당신 작품을 구매한 사람이 제품을 손에 넣고 어떤 기분이 될지를 생각해 보자). 부끄러워하고 있을 때가 아니다. 필요하다면 기운 넘치고 당신에게 지지를 아끼지 않는 친구들을 섭외해도 좋을 것이다.

당신이 꼽은 좋은 점들은 다음과 같을 수 있다. 공들여 만든 근사한 작품을 그 작가에게서 직접 구매하는 특별함을 느낄 수 있다. 이 제품을 초기에 알아본 사람이 된다는 특별함을 느낄 수 있다. 이 외에도 얼마나 기분이 좋아질지, 얼마나 똑똑해지는 느낌이 들지, 얼마나 유쾌해질 수 있을지, 상사에게 얼마나 깊은 인상을 남길 수 있을지 등이 있을 수 있겠다.

이 과정에 어려움을 느낀다면 '내 작품의 좋은 점 열 가지'을 먼저 작성하고 진행해 보자.

마지막으로 구매를 권하는 것을 잊지 않도록 한다. 그저 발매 소식을 보내는 것만으로는 사람들이 구매하도록 하기는 힘들다. '지금 바로 구매하려면 여기를 클릭하세요!'라는 문구를 넣고, 그곳에 결제창으로 가는 링크를 걸어 놓으면 판매에 도움이 될 것이다.

6단계. '보내기' 버튼을 눌러라

지금까지 해온 일 중에서 가장 겁나는 일이 남았다. '보내기' 버튼을 누른다고 생각하는 것만으로 어지럼증이 밀려오고 속이 뒤집히고, 회피할 생각에 괜히 양말서랍을 뒤집어서 다시 정리해야할 것만 같은 생각이 들 것이다.

얼마나 힘든 일인지 나도 잘 안다. 그래서 그 모든 단계를 나도 함께 하려고 한다. 사실 당신의 긴장을 풀어주기 위해서 해줄 이야기가 있다.

여러 해 전에 나는 내가 지은 시에 대해 많은 요청을 받았다. 특별히 책이나 모음집 형태로 있는지 문의가 많았다. 그래서 모음집을 하나 내야겠다고 생각하게 되었다.

그때까지 창작해 놓은 작품들을 모아서, 교정이 필요한 곳은 손도 좀 보고, 목차를 작성해서, PDF 파일로 변형해서 〈그나저나, 오늘 정말 멋져 보이네요. 사만싸 베넷의 엄선된 시 모음집〉이라고 저장했다. 그런데 말은 그저 시를 선별해서 교정작업 정도 하는 것이라 했지만, 사실은 엄청나게 시간이 많이 걸리는 일이었다. 예상했던 것보다 훨씬 오랜 시간이 걸렸기 때문에 나중에는 매우 짜증이 나있는 상태였다.

나는 거의 괴물로 변하기 직전 상태에 직면해 있었고, 거기에다 '당신은 진짜 작가가 아닙니다' 가면을 쓰고 있었다. 젠장, 멋대로 끄적인 글 쪼가리랍시고 내놓아도 되는 것인지 나는 그저 우물쭈물 어쩔 줄 몰랐다. 나는 메리 올리버^{역자 주: 유명한 미국 시인. 1935년 생으로 퓰리처상 수상자이며 미국을 대표하는 시인으로도 선정된 적이 있}다.가 아니었다.

다행히 나는 Organized Artist Company라는 사업체를 운영하고 있고, 〈Get It Done〉이라는 강연을 이끌어 가고 있기도 해서 지루함, 두려움, 자신감 부족 등으로 물러서지 않을 의무가 있었다. 나는 아교칠을 하는 부위에 용기를 끌어 모아다 눌러 박고, 5달러 가격표도 붙이고, 주소록에 있는 모든 사람들에게 결제 링크까지 넣어서 이메일을 돌렸다.

'보내기' 버튼을 누르기 직전의 1분이야말로 내 생애 가장 길었던 1분이었다. 어지럼증, 불편함이 몰려왔고, 뭔가 마무리가 부족하지 않나 하는 찜찜함도 느껴졌다. 완성도 면에서 시각적인 보완이 필요한 것은 확실했다. 시를 한두 개 정도 더 넣었어야 했다. 내보내지 않을 수 있다면 그게 무슨 일이라도 했을 것이다. 그래도 숨을 몇 번 가다듬은 후에, 이건 실험일 뿐이라는 것을 상기시키고 마음을 담은 기도를 올린 후, 버튼을 눌렀다. 그리고 산책을 나서서 긴 시간을 보냈다. 돌아왔을 때는 주문이 얼마나 들어왔는지 바로 확인하고 싶은 마음뿐이었다.

주문은 한 건도 없었다.

"좋아, 대박은 아니네. 그래도 오늘 밤까지 몇 개는 팔리겠지."

그러나 주문은 없었다.

그렇게 48시간 후, 나는 두 건의 주문을 확인할 수 있었다. 하나는 같은 합창단에 있는 남자가 주문했고, 또 하나는 친분도 거의 없는 여자였다. 엄마조차도 그때까지 주문을 넣지 않고 있었다.

현재까지 이 책은 5,000달러 정도의 수익(이 정도 수익이면 시 문학계에서는 어마어마한 성공작으로 받아들여진다)을 기록하고 있고 아직도 판매가 이루어지고 있지만, 내 자존심에 큰 타격을 주었다.

내가 온라인으로 시를 판매한다는 소식이 그나마 조금이라도 사건이라고 생각한 사람은 내가 유일했던 것이다. 엄마를 포함한 다른 사람들은 내 이메일을 받고서는 그저 '잘됐네. 이럴 줄 알았어'라고 생각한 후에 그저 자신들의 일상으로 복귀해 버린 것이다.

당신도 그럴 것이다. 당신이 제일 좋아하는 밴드가 새 앨범을 내면, 당신은 '이야, 정말 도전적인 일이었을 거야'라고 생각하는가? 물론 아닐 것이다. 당신은 '하나 나올 때가 됐지'라고 생각할 것이다.

그리고 당신도 그런 반응을 얻게 될 것이다. 아무도 당신이 그 작품을 발표하기까지 얼마나 고생이 심했고, 얼마나 엄청난 용기가 필요했는지는 생각하지 않을 것이다. 그저 당신 스스로 자신이 얼마나 재능이 많은지 알고 있을 거라고 생각하기 때문이다. 그들은 오히려 당신이 작품을 내기까지 무엇 때문에 그렇게 오랜 시간이 걸렸는지 의아스러워 할 것이다.

7단계. 자축하자!

당신이 이 놀라운 일을 해낸 것을 자축하는 의미에서 마음 내키는 대로 무엇이든 해보자. 햇빛 아래에 산책을 가져도 좋고, 자신을 위한 선물을 하나 준비해도 좋고, 자리에 앉아 독서를 즐길 수도 있고, 영화를 보러 가거나, 당신이 사랑해 마지 않는 사람과 식사 한 끼를 같이 나누어도 좋겠다.

무엇이든 괜찮은데, 매출이 어떻게 되는지 확인하느라 컴퓨터 앞에 죽치고 앉아있는 일만은 피하도록 하자. 그런 행동은 독이 될 뿐이다. 몇 시간 정도 즐거운 시간을 보내고 와서 그 후에 확인하도록 하자.

이제 됐다. 축하한다. 당신은 이제 막 제품을 출고시켰다.

이런, 당신 꽤 잘하고 있다.

ACTION STEP

오늘 당장 어떤 방법으로든 작품을 발표하자. 무엇이든 괜찮다. 친구에게 이메일로 세 줄짜리 시를 보내는 것부터 발표회나 경연같은 곳에 참가신청을 하는 것에 이르기까지, 당신 웹사이트를 구축하는 것에서부터 페이스북에 간단하게 작품 사진 한 장 넣어서 페이지를 생성하는 것까지, 모두 괜찮다.

PART. 15

실패에 대한 두려움은 당연하다

Get it done

내가 쓰고 싶은 책…… 나는 그 책이 세상에 유용한 것일지 그 책을 읽고 싶어 할 사람이 있을지 궁금합니다. '누가 내 작품에 신경이나 쓸지, 내가 들인 그 모든 공이 쓸모없는 것은 아닌지……' 하는 걱정이 드는데, 어떻게 해야 할까요? – 선

전 인류는 역사상 한 명도 빠짐없이 그 사람이 예술가든 아니든 자기회의에 시달려 왔다. 속으로 자신은 엉터리라고 믿으며 누군가 자신의 작품에 신경 쓰는 사람이 있을지 궁금해하면서 말이다.

당신 혼자만 그런 것이 아니다. 그리고 내가 관찰한 바로는 아이디어가 과감하고 창조적일수록 내면에서 들리는 비판적

인 소리들도 더 거세고 악의적이 된다. 나는 세월 속에서 내 머릿속에서 들리는 소리들이 더 크고 심술궂을수록 방금 짜낸 아이디어가 대단한 것일 가능성이 더욱 높다는 것을 배웠다.

이렇게 생각해 보자. 당신의 머리에서 울리는 소리들은 당신을 안전하게 지키려고 노력하는 중이다. 그것들은 당신이 연약해지는 것을 원하지 않는다. 그들은 당신에게 아무도 당신의 작품에 관심이 없다고 말하거나, 사람들이 당신에게 가혹한 판단을 내릴 것이라고 말하면서 당신이 행동에 나서지 못하게 겁을 주고 있는 것이다.

예술이라는 것은 당신을 연약하게 만든다. 그것이 예술이 존재하는 이유이다. 적어도 부분적으로라도 그렇다. 그리고 솔직히 말하자면, 당신이 창조해낸 것을 다른 사람들이 신경 쓰지 않을 가능성도 물론 있다.

실패에 대한 두려움은 당연히 있을 만하다. 하지만 당신이 작품을 하지 않을 이유는 될 수 없다.

당신의 작품이 구현되지 않은 채 당신 머릿속에 남아있는 한 그것은 아무에게도 영향을 끼치지 않을 것이다. 당신을 제외하면 말이다. 그것은 바람직하지 않다.

일단 당신 머릿속 금고에 봉인되어 있는 아이디어를 꺼내서 신선한 공기를 쐬게 해주자. 그 아이디어는 그 즉시 진화하기 시작할 것이다. 당신이 그 아이디어를 종이에 받아 적는 순간, 그 아이디어는 변할 것이다.

그리고 일단 그것을 세상에 내놓게 되면, 일단 누군가 다른 사람이 그것을 경험하게 되면, 모든 것이 변화된다. 당신이 변화된다. 프로젝트도 변화된다. 관객도 변화된다. 그것이야말로 예술이 부리는 연금술이다.

실제 예를 들어보기로 하겠다. 나에게 상담받는 사람들 중에 네디 사파라는 사람이 있는데, 자폐증에 대한 노래를 그녀의 아들과 함께 작곡하고 있었다. 그녀는 마침내 용기를 내서 후반작업을 마치고 온라인에 올렸다. 이메일과 각종 반응들이 들어오기 시작했는데, 그중에는 케이트 윈슬렛이 설립한 Golden hat Foundation^{www.goldenhatfoundation.org}에서 온 것도 있었다. 그리고 그녀는 바로 Kickstarter^{회원이 아이디어를 올리고 지원금을 모으는 세계적인 사이트}와 함께 기금 모집 운동을 성공적으로 이끌어내고, 프로젝트를 다음 단계로 성장시켰다.

고무적이지 않은가?

비판적인 소리들은 항상 당신을 따라다닐 것이다. 그 소리들에 끌려다닐지 말지는 당신이 하기 나름이다.

당신이 작품을 세상에 내놓기만 하면 성공할 것이라고 보장할 수는 없다. 하지만 당신이 작품을 세상에 내놓지 않는다면 실패했다는 느낌에 시달리게 될 것이라는 것은 보장한다. 당신이 어떤 결론을 내리게 될지 나에게도 알려주길 바란다.

기억하라. 세상은 당신의 예술을 필요로 한다.

당신을 예술가로 만든 것은
부분적으로는 당신의 '의심' 덕일 수 있다.
오직 흉내기들이나 아마추어들만이
자신들의 재능을 의심할 줄 모른다.

독거 예술가, 세상 밖으로

초판 발행 2015년 1월 15일

지은이 ㅣ 샘 베넷
옮긴이 ㅣ 김은영

펴낸이 ㅣ 이은영
펴낸곳 ㅣ 오후의책
등 록 ㅣ 제300-2014-14호
주 소 ㅣ 서울시 종로구 성균관로5가길 16-2, 203
전 화ㅣ 070-7531-1226
팩 스 ㅣ 02-763-7115
e-mail ㅣ ohoonbook@naver.com

ISBN 979-11-950750-3-4 03320
값 13,800원

• 잘못된 책은 구입한 곳에서 교환해 드립니다.